ONE YEAR

가장 탁월한 나를 만드는 시간

ONE YEAR

원 이어

최영오 지음

토네이도

프롤로그

왜 어떤 사람은 1년 안에 인생을 바꾸고, 어떤 사람은 평생 제자리인가

이 책을 펼친 당신은 지금 인생이라는 망망대해에서 방황하고 있을지도 모른다. 어떤 일을 해도 만족스럽지 않거나, 나만 뒤처지고 있다는 불안감에 조급함을 느끼고 있을 수도 있다. 이 책은 그러한 방황을 멈추고 1년 안에 인생의 방향을 전환하는 데 필요한 구체적인 방법을 알려주기 위해 기획되었다.

나는 지난 7년 동안 8개의 직업을 전전하며 끊임없이 흔들렸다. 살아야 할 이유도 기준도 없이, 돈만 좇으며 살아가는 욕망의 노예 같았다. 조급함에 사로잡혀 이 일 저 일을 떠돌았지만 끝내 성과는 없었다.

그러던 내가 단 1년 만에 전혀 다른 삶을 살게 되었다. 지금 나는 구독자 19만 명의 동기 부여 유튜브 채널(동기부여학과)을 운영하며, 사람들에게 자신의 강점을 기반으로 온라인 수익화를 실현할 수 있는 길을 제시하고 있다. 월급에만 의존하던 삶에서 벗어나 6개의 수익 파이프라인을 갖추었고, 수익은 이전과 비교해 10배 이상 증가했다. 더 나아가 현재는 글로벌 소득 구조를 설계하며 사업을 확장 중이다. 이 모든 변화의 출발점은 하나였다. 내가 내 삶의 주인으로 살아가기로 '선택'한 순간이다.

이 책은 그 선택 이후 내가 직접 실행하고 검증한, 성공으로 가는 삶의 전략을 담고 있다. 단순한 일시적인 자극이나 동기 부여가 아니다. 지금의 삶을 정비하고, 1년 안에 당신이 원하는 결과를 만들어낼 수 있는 가장 현실적인 시스템을 안내하려 한다.

1장에서는 먼저 삶을 소비하는 사람과 설계하는 사람의 차이를 조명한다. '왜 어떤 사람은 원하는 삶을 만들고, 어떤 사람은 계속 제자리인가'에 대한 본질적인 해답을 찾는 것이 목표다.

2장에서는 당신의 변화를 가로막는 여섯 가지 심리적

장애물―불확실성, 번아웃, 비교, 자기혐오, 고독, 자책―을 들여다보고, 극복하는 방법을 알아본다.

3장에서는 막연한 욕망이 아닌 '방향성 있는 목적'을 설계하는 법을 다룬다. 나만의 성공을 정의하고, 그에 맞춰 내 시간과 에너지의 흐름을 새롭게 정렬할 수 있도록 도울 것이다.

4장에서는 자유로운 삶을 위한 수익 시스템을 설계한다. 내가 직접 경험한, 누구나 실행할 수 있는 5단계 시스템을 통해 '돈이 아닌 나를 중심으로 돌아가는 삶'을 만들어가는 방법을 제시할 것이다.

5장에서는 성공을 이루어내는 일상의 루틴을 구체화한다. 집중력 향상, 골든타임 활용, 끝까지 해내는 습관의 구조를 통해 성공을 반복 가능한 시스템으로 만드는 법을 다룰 것이다.

6장에서는 우리가 변화와 성공의 여정에서 반드시 마주하게 될 감정의 굴곡을 파헤친다. 새로운 삶에 대한 희망과 열정으로 가득한 단계에서 조급함, 회피의 과정을 거쳐 다시 동기 부여에 이르게 되는 감정의 순환 고리를 이해하고, 흔들림 속에서도 계속 앞으로 나아갈 수 있는 멘탈 관리 방법을 안내할 것이다.

이 여섯 개의 챕터는 단순한 이론이나 팁이 아니라, 나를 바꾸고 수많은 사람들의 삶을 바꾼 '검증된 성공 플랜과 액션'이다. 이 책을 덮는 순간, 당신은 스스로에게 이렇게 말할 수 있을 것이다.

"나는 이제 내가 진짜로 원하는 삶이 무엇인지 안다.
그리고 그 삶을 위해 지금부터 무엇을 해야 하는지도 안다."

이제부터 인생의 주인으로 살아가기 위한 여정을 함께 떠나 보자.

동기부여학과 최영오

Contents

프롤로그   4
왜 어떤 사람은 1년 안에 인생을 바꾸고, 어떤 사람은 평생 제자리인가

PART 1 ONE DECISION
변화를 이끌어내는 태도 만들기

스스로 삶을 설계하라   15
생산자 마인드를 가져라   19
10%에 속하라   26
중요한 일에 몰입하라   31
문제를 직면하라   35

PART 2 ONE RESET
멈춰 있던 나를
다시 움직이게 하는 관점 만들기

불확실성을 확실성으로 바꿔라   43
작은 꿈을 크게 키워라   51
주변의 영향을 벗어나 주도적인 인생을 선택하라   58
타인의 방식을 버리고 나만의 방식을 찾아라   70
롤모델을 나침반 삼아라   74
혼자 하지 말고 함께하라   78

PART 3 ONE ROADMAP
인생을 다시 설계하는 프레임 만들기

늘 시간과 에너지를 점검하라   85
- 시간의 한정성을 인식하라
- 당신은 시간을 어떻게 사용하고 있는가?
- 당신의 인생을 움직이는 7가지 요소

큰 방향성을 설정하라   100
- 자신의 욕망을 정의하라
- 제한 없는 삶을 상상해 보라
- 흔들리지 않는 나만의 기준 만들기
- 삶의 목적의식을 가져라

구체적인 성공 지점을 설정하라   132
- 당신은 지금 어디에 위치해 있는가?
- 리스크를 최소화하고 빠르게 경제적 자유를 얻는 법

PART 4 ONE SYSTEM
나를 중심에 둔 성공 시스템 만들기

돈과 자유를 얻는 시스템	151
나의 경험, 지식, 노하우를 돈으로 만드는 법	155
당신만의 무기를 발견하라	165
이미 검증된 전략을 활용하라	172
수익을 자동화하는 방법	186
고객이 먼저 찾아오게 하라	190
나만의 성공 시스템을 확장하라	203

PART 5 ONE ROUTINE
변화가 멈추지 않도록
실행을 습관으로 만들기

작은 행동이 큰 목표를 이룬다	213
한 번에 하나씩 집중하라	218
당신의 황금 시간대를 이용하라	232
일을 시작했다면, 끝내라	238

PART 6 ONE MINDSET
끝까지 밀어붙이는 멘탈 만들기

감정의 파도를 넘는 법	247
열정: 누구에게나 불타오르는 순간이 있다, 다만 짧을 뿐	249
조급함 & 비교: 나만 뒤처지는 것 같은 불안감	252
합리화: 포기의 언어는 언제나 논리적이다	255
회피 본능: 도망친 곳에 낙원은 없다	260
재자극: 가능성과 희망이 보이면, 동기 부여는 자동화된다	263
기쁨과 동기 부여: 성취는 동기 부여를 낳고, 동기 부여는 성취를 낳는다	266

에필로그 269
1년 후, 당신의 인생 항로는 완전히 달라져 있을 것이다

PART 1

ONE DECISION
변화를 이끌어내는 태도 만들기

스스로 삶을 설계하라

모든 일을 시작하기에 앞서, 우선 다음의 질문에 진지하게 답해 보는 시간을 가져보자. '지금 당신은 정말 원하는 삶을 살아가고 있는가? 아니면 타인이 만들어놓은 길을 그저 따라가고 있는가?' 나는 '열정을 좇아라', '자신만의 길을 개척하라'와 같은 흔한 자기계발서의 이상적 구호를 말하려는 것이 아니다. 진심으로 이 책을 읽는 당신이 행복하고 성공적인 삶을 살기를 바라기에 묻는 것이다. 그런데 만약 위의 물음에 선뜻 답하기 어렵다면 더 깊은 자기와의 대화가 필요한 때인지 모른다. 스스로 원치 않는 길을 걷고 있다면, 그 삶은 장기적 관점에서 불행하거나 공허할 가능성이 높다.

인간은 특별한 존재다. 다른 동물과 달리 오직 인간만이 미래를 예측하고 상상할 수 있다. 더 나아가 그 상상을 현실로 구현할 수 있는 잠재력을 지녔다. 우리 주변의 고층 빌딩, 웅장한 다리, 거대한 조각상을 보면 이를 실감할 수 있다. 이 모든 창조물이 인간의 상상력이 실체화된 결과물이 아닌가. 하지만 안타깝게도 많은 이들이 우리가 가진 이 특별한 능력을 충분히 활용하며 살지 않는다. 대부분은 단순히 식욕, 수면욕 등 생리적 욕구를 만족시키는 데 그친다. 이것이 무의미하거나 이상한 일이라는 말은 아니다. 인간으로서의 본성이니까. 그러나 만약 당신이 주어진 환경에 안주하는 것이 아니라, 진정으로 꿈꾸고 바라왔던 삶을 실현하며 그 과정에서 충만함을 경험하고 싶다면, 단순히 사는 대로 생각하는 것이 아니라 당신만의 생각으로 미래를 상상하고 이를 구체화하는 역량을 키워야 한다.

당신이 꿈꾸는 그 삶을 그저 비현실적 망상으로 끝내서는 안 된다. 구체적인 계획과 꾸준한 행동이 반드시 뒷받침되어야 한다. 상상은 실천이 뒤따를 때 현실 가능성이 커지며, 경험이 축적될수록 상상 역시 더욱 정교해진다. 따라서 행동과 경험, 시행착오가 결여된 상상은 단순한 망상에 그칠 확률이 높다.

　이 책의 궁극적 목적은 누구나 자기 인생의 주도권을 가지고 원하는 삶을 마음껏 그려보고, 체계적인 계획과 끈기 있는 실행을 통해 이를 실현할 수 있도록 방법론을 제시하는 것이다. 단순히 망상으로 일시적 위안을 얻고자 하는 사람이라면 지금 이 책을 덮는 편이 정신 건강에 유익할 것이다.

　그렇다면 상상을 현실로 바꾸기 위한 핵심 요소는 무엇일까? 첫 번째는 강력한 호기심이다. 호기심은 우리가 경험하는 세계의 범위를 결정한다. 동양 사회의 집단주의 문화는 종종 호기심을 암묵적으로 억제한다. 수업 중에 생기는 의문점을 자유롭게 질문할 수 없는 분위기, 항상 주변 시선을 의식해야 하는 환경, 뛰어난 재능을 가졌음에도 이를 드러내면 질시의 대상이 되는 풍토, 튀는 것을 지양하고 조화를 중시하는 가치관. 이러한 모든 집단주의적 문화 요소들이 개인의 호기심과 창의성, 적극성을 제한한다. 대부분의 세계적 혁신 기업들이 미국에서 탄생하는 이유는 명확하다. 그들은 개인의 호기심을 높이 산다. 감정을 배제하고 논리적으로 토론한다. 의견을 지속적으로 발전시키고, 이 과정에서 탁월한 아이디어가 도출된다. 그러니 우리도 강한 호기심을 바탕으로 주저 없이 질문하고, 궁금한 것이 있다면 직접 탐색해 보는 습관을 길러야 한다. 호기심과 상상력을 확장하기 위해서는 다양한 경험과 지식이 필수적이다. 여러 분야의 책을 탐독하고, 다양한 배경의 사람들과 교류하며 끊임없이 새로운 것을 배워야 한다. 호기심이 부족하면 어떤 일도 시작하기 어렵고, 시작하더라도 지속하기 힘들다.

두 번째 요소는 지속적인 열정이다. 열정의 깊이가 우리가 얼마나 많은 시도와 실패를 견딜 수 있는지를 결정한다. 열정이 강할수록 더 많은 도전을 감행하고, 실패의 고통을 인내할 수 있다. 그리고 시행착오를 거듭하는 과정에서 인간은 성장하고 더욱 강인해진다.

당신에게는 원하는 삶을 선택할 자유 의지가 있고, 인간만의 특권인 예측과 계획 능력이 있다. 무엇보다 상상을 현실로 바꿀 수 있는 무한한 잠재력이 내재되어 있다. 이 모든 것을 갖추고 있음에도 타인이 정의한 성공 기준을 맹목적으로 좇을 것인가? 아니면 자신만의 길을 선택하고 진정한 행복과 충만함을 추구하며 살아갈 것인가?

생산자 마인드를 가져라

당신은 소비에 익숙한가, 아니면 판매에 익숙한가? 구매가 익숙한가, 아니면 공급이 익숙한가? 아마 이 질문을 받은 90%의 사람들은 전자라고 답할 것이다. 어느 누구도 세상에 태어나자마자 무언가를 생산하고 판매할 능력을 갖추고 있지 않기 때문이다.

    90%의 사람들은 소비자로 살아간다. 이것이 우리의 디폴트 값이다. 생산자로 사는 것은 그렇게 살기로 의식적으로 결정해야만 가능하다. 이는 본능에 반하는 선택이기 때문이다. 인간은 본래 편안함을 추구하고 번거로운 일은 회피하려

는 성향이 있다. 하지만 생산자의 길을 걷기 위해서는 이러한 본성을 거슬러야 한다. 생산자로 살아가려면 몸과 마음의 불편함을 감수하고 위험과 도전을 기꺼이 받아들이겠다는 의식적인 결단이 필수적이다. 이때 최종 선택의 권한은 온전히 당신에게 있다. 다만, 이 책을 펼친 당신이라면 분명 평범함을 넘어선 진정한 성공을 갈망할 것이다. 그러니 자본주의 사회에서 의미 있는 성취를 이루려면 소비자적 사고방식에서 벗어나 생산자적 마인드를 체화해야 한다는 것을 명심하라.

자본주의 사회에서 돈은 가치를 제공하는 사람에게 자연스럽게 흘러 들어간다. 칭찬, 감사, 고마움도 마찬가지다. 누군가가 당신에게서 받아가기만 한다면 분명 당신은 그 사람을 점차 멀리하기 시작할 것이다. 반대로 누군가가 당신에게 베푼다면 당신은 그 사람에게 고마움과 친근감을 느끼기 시작할 것이다.

세상도 정확히 이와 같은 원리로 작동한다. 당신이 취할 줄만 알고 베풀 줄 모른다면, 사람들은 당신에게 고마움과 감사함을 느낄 수 없을 것이다. 반대로 당신이 받는 것보다 더 많이 베풀기 시작한다면, 사람들은 자연스럽게 당신에게로 모이고 감사함을 느끼며, 더 나아가 당신의 가치에 기꺼이 대가를 지불하고 싶은 마음이 생길 것이다.

소비자와 생산자의 차이는 마음가짐의 차이다. 한쪽은 가져가는 것에 집중하고, 다른 쪽은 제공하는 것에 집중한다. 소비자로 살아가는 것과 생산자로 살아가는 것이 어떤 느낌인지 이제 감이 오는가? 이것은 우리가 살아가는 사회에서 매일같이 반복되는, 보이지는 않지만 분명히 존재하는 알고리즘이다.

보통 사람들은 경제 활동을 하는 시기나 방식이 정해져 있다고 생각한다. 대학을 졸업하고, 회사에 취직해야만 돈을 벌 수 있다고 믿는다. 우리는 그렇게 생각하도록 어린 시절부터 프로그래밍되어 왔다. 회사에서 나에게 월급을 지급해줘야만 살아갈 수 있다는 인식이 우리 머릿속에 깊이 박혀 있는 것이다. 하지만 정말 그럴까? 아니다. 회사나 조직에 속하지 않고도 얼마든지 수익을 창출할 수 있다. 그리고 생산자들은 이것을 선택할 수 있는 자유가 있다. 왜일까? 그들에겐 스스로 가치를 만들어낼 수 있는 능력이 있기 때문이다.

무엇보다 생산자는 가치를 창출하는 방법을 안다. 그들은 늘 소비보다 판매에, 구매보다 공급에 더 관심이 있다. 그들의 머릿속에는 끊임없이 다음과 같은 질문이 맴돈다:

"어떻게 하면 이 불편함을 해결할 수 있을까?"

"어떻게 하면 이 과정을 더 간편하게 만들 수 있을까?"

"어떻게 하면 이 일을 더 효율적으로 처리할 수 있을까?"

이러한 질문들은 생산자들의 일상적 사고방식이자 끊임없는 내적 대화다. 세상의 문제를 해결하고 효과적인 해법을 창출하는 이들, 다시 말해 실질적 가치를 만들어내는 사람들에게는 자연스럽게 도움을 구하는 이들이 모여든다. 이들은 찾아온 사람들에게 해결책을 제시하고, 그에 합당한 보상을 받는 선순환을 경험한다.

이처럼 생산자들은 회사나 조직에 속하지 않고도 얼마든지 자신의 가치로 돈을 벌 수 있다. 물론 조직에 속해서 돈을 벌 수도 있다. 중요한 것은 그들에겐 선택권이 있다는 점이다. 이것이 바로 '생산자 마인드셋'의 핵심이다.

무언가를 빌려주고 판매하는 사람들은 돈을 번다. 무언가를 빌리고 구매하는 사람들은 돈을 낸다. 무언가를 만들고 공급하는 사람들은 돈을 번다. 반대로 무언가를 공급받는 사람들은 돈을 낸다. 당신은 어느 쪽이 되기를 원하는가? 선택은 전적으로 당신의 자유다.

과거 우리가 자라온 학교라는 환경, 드라마 같은 미디어나 사회 공동체 속에서는 종종 돈, 기업, CEO와 같은 부자들을 '악마'로 이미지화하곤 했다. 반대로 가난하거나 부자 밑에서 돈을 버는 이들은 '불쌍하고 선한 사람'으로 이미지화했다. 굳이 악한 사람이 되고 싶어 하는 사람은 아무도 없기에 당연히 후자에게 공감하고 마음이 갔을 것이다.

이런 사고방식이 바로 우리가 생산자로 탈바꿈하는 것을 무의식적으로 방해하는 주요 원인 중 하나다. 하지만 현실은 이런 이분법적 시각으로는 다 이해할 수 없을 만큼 복잡하게 돌아간다. 진정한 부자는 세상에 필요한 가치를 제공하고, 국가에 많은 세금을 납부한다. 때로는 가난한 사람들을 돕고 세상을 더 살기 좋은 곳으로 개혁하는 일에 앞장선다. 놀라운 사실은, 이러한 생산자들이 세상에 제공하는 가치에 비하면 그들이 받는 대가는 오히려 적다는 점이다. 왜 그럴까?

그 이유는 간단하다. 소비자들의 소비 특성 때문이다. 사람들은 값어치에 미치지 못하는 것들에 선뜻 돈을 지불하지 않는다. 그렇기 때문에 지불하는 금액보다 얻는 가치가 훨씬 뛰어날 때에만 비로소 구매를 결정한다. 이것이 바로 생산자들이 사회에 제공하는 가치에 비해 상대적으로 돈을 적게 버는 역설적인 이유다.

그럼에도 불구하고 사회 속에서 그들은 여전히 자주 '악마'로 묘사되곤 한다. 하지만 돈과 가까워지기 위해서는 이런 왜곡된 시각에서 과감히 벗어나야 한다. 돈은 중립적이다. 돈에는 옳고 그름이 없고, 선과 악의 구분도 없다. 그저 가치 교환의 매개체일 뿐이다. 그러므로 당신은 이런 편견 없이 자신의 길을 선택하기만 하면 그뿐이다.

소비자로 살아간다면, 평생 당신의 수입원을 회사나 조직에 의존하며 살아가야 한다. 그리고 냉정하게 말하자면, 회사는 결코 당신의 노후를 책임져줄 생각이 없다. 건강이 악화되어 제 몫을 하지 못하게 되면 언제라도 짐을 싸야 할 것이다. 회사와 당신의 계약 사항, 즉 가치 교환이 모두 끝나면 관계도 자연스럽게 종료되는 것이다. 경제력은 단순한 돈 문제가 아니라 생존과 직결된다.

여기 당신의 지속 가능한 생존과 번영을 위한 두 가지 옵션이 있다. 하나는 소비자로 남는 것, 그리고 나머지 하나는 생산자가 되기로 결정하는 것이다.

'당신은 소비자로 살 것인가, 생산자로 살 것인가?'

이 질문에 대한 답은 당신의 선택이다. 그리고 그 선택이 당신의 미래를 결정할 것이다. 지금 이 순간, 당신은 어떤 선택을 하겠는가?

10%에 속하라

이탈리아의 빌프레도 파레토 Vilfredo Pareto라는 경제학자는 일상을 관찰하다 한 가지 새로운 사실을 발견했다. 자신의 정원에서 키우던 콩의 콩깍지 중에서 잘 여문 소수의 콩깍지가 전체 콩알 산출의 대부분을 담당한다는 것을 알게 된 것이다. 여기서 모티프를 따온 파레토는, 이 이론을 거시경제학에 접목시켜서 이탈리아 인구의 20%가 80%의 땅을 소유하는 현상을 논문으로 발표했다.

이후 이 개념은 '소수의 사람 또는 집단이 대부분의 수익이나 영향을 차지한다'는 의미로 널리 사용되었다. 현재는

'파레토의 법칙', 혹은 '20:80 법칙(80:20 법칙)'으로 불리며 경제, 사회, 비즈니스 등 다양한 분야에서 활용되고 있다.

20:80 법칙과 관련해 흥미로운 실험 하나를 더 소개한다. 개미를 대상으로 한 이 과학 실험은, 모든 개미가 부지런하다는 우리의 통념을 흔든다.

실험자들은 바쁘게 움직이는 개미들을 자세히 관찰해 보았다. 그랬더니 실제로 열심히 일하는 개미는 소수에 불과했다. 대부분의 개미가 분주하게 돌아다니고 있었지만, 실질적인 작업에는 거의 기여하지 않더라는 것이다. 이때 열심히 일한 개미와 그렇지 않은 개미의 비율은 약 20:80으로 나타났다.

그다음에는 이 중에서 상위 20%의 '열심히 일하는 개미'들만 따로 모아 작업을 시켜보았다. 처음에는 모든 개미가 부지런히 움직였지만, 시간이 지나자 이 집단 안에서도 일을 하지 않는 개미들이 생겨났고, 다시 20:80의 비율로 나뉘는 현상이 나타났다.

놀랍게도 이와 같은 패턴은 나머지 80%, 즉 처음에 게으르다고 여겨졌던 개미들 집단에서도 동일하게 관찰됐다. 처음엔 모두 아무 일도 하지 않는 듯 보였지만, 시간이 흐르자 일하는 개미들이 나타났고, 결국 이 안에서도 자연스럽게 20:80의 비율로 역할이 나뉘는 결과가 도출된 것이다.

이 실험에서 우리는 어떤 통찰을 얻을 수 있을까? 20:80 법칙(혹은 80:20 법칙)은 중력의 법칙만큼이나 우리 세계에 강력하게 작용한다는 것이다. 어떤 집단에서든 항상 소수와 다수로 나뉜다. 단지 눈에 뚜렷이 보이지 않을 뿐이다. 그리고 이러한 현상은 현대에 와서 90:10, 심지어 99:1로 더욱 양극화되고 있다. 다음 내용을 읽으며 자신은 어디에 속하는지 성찰해 보자.

무언가를 해야겠다는 생각이 든 10명 중 1명만이 실제 행동으로 옮기고, 나머지 9명은 미루다 결국 시작조차 하지 않는다.

어떤 일을 시작한 10명 중 1명은 끝까지 지속하는 반면, 다른 9명은 단 3일 만에 의욕을 상실한다.

지속적으로 노력한 10명 중 1명은 마침내 목표를 달성하고, 나머지 9명은 빠르게 포기하고 다른 일에 관심을 돌린다.

위 세 가지 명제에서 모두 '1'에 해당하는 사람이라면, 당신은 이미 상위 1% 마인드의 소유자이며 그에 대한 자부심을 가질 자격이 있다.

성공학의 대가 나폴레온 힐Napoleon Hill은 이렇게 표현했다. '성공 사다리의 꼭대기는 결코 붐비지 않는다.' 인간이라면 누구나 상승 욕구를 가지고 있다. 타인보다 더 높이 올라가고 싶은 열망, 더 존경받고 싶은 바람을 품고 있다. 이러한 욕구를 가졌다면 단순히 바라는 데 그치지 말고 항상 10%에 속하는 선택을 해야 한다. 그 방법은 생각보다 단순하다. 자신이 바라는 것을 명확히 설정하고, 그것이 진정으로 내가 원하는 것인지 심도 있게 고민하는 것이다. 그리고 확신이 든다면, 다음 단계는 그저 포기하지 않고 실행하는 것이다.

이렇게 단순하다고? 거짓말이라고 생각할지 모른다. 하지만 사실이다. 90%의 사람들은 새로운 도전을 시작하자마자 쉽게 포기한다. 그들은 다양한 변명과 핑계를 찾아내며 다른 방향을 탐색하기 시작한다. 세상에는 수많은 변명이 존재한다. "시도해 보니 내가 진정 원하던 방향이 아니었어요", "이것보다 더 효율적인 방법이 있을 것 같아요. 아직 구체적으로 무엇인지는 모르겠지만요", "내 타고난 재능과는 맞지 않는다는 생각이 들었어요" 등이 그것이다.

 그들은 절대 '힘들어서 포기했다'라고 솔직히 말하지 않는다. 자신의 나약함을 인정하기 싫기 때문이다. 이때 10%에 속한 당신은 담담한 태도를 유지하며, 자신이 극소수에 속한다는 긍지를 가지고 계속 앞으로 나아가면 된다. 목표로 향하는 과정에서 가장 중요한 것은 인내심이다. 지루함과 어려움을 견뎌내는 것이다. 마지막까지 남은 10%가 결국 대부분의 성과를 거두게 된다. 그러므로 10%에 속하고 싶다면 마음속으로 계속 되새겨라. "나는 어떤 장애물과 역경을 만나도 이겨낼 것이다. 왜냐하면 나는 10%에 속하는 사람이니까."

 이 세상은 10%의 소수가 주도하고, 그들끼리 경쟁한다. 당신이 어디에 있든, 어느 집단에 속해 있든 항상 10%에 속하기 위해 노력하라. 단지 끈기 있게 버티기만 해도 부와 성공을 향한 기회는 반드시 찾아올 것이다.

 당신은 어디에 속하겠는가? 10%인가 90%인가?

중요한 일에 몰입하라

우리가 시간을 보내는 방법에는 두 가지가 있다. 내 삶에 집중하는 것, 그리고 다른 것에 집중력을 빼앗기는 것이 그것이다. 이 세상은 당신의 관심을 필요로 한다. 당신의 주의력이 자신에게 향해야만 그들에게 이득이 되기 때문이다. 그렇다고 타인에게 관심을 주는 것이 손해라고 여겨서는 안 된다. 적절히 그들에게 주의를 기울이고 필요한 것을 얻은 후 다시 자신의 삶으로 돌아올 수 있으면 된다. 이것은 곧 자신의 집중력을 철저히 통제할 수 있어야 한다는 뜻이다. 그렇게 세상은 자신의 삶에 집중하는 이와 집중력을 빼앗기는 이로 나뉘게 된다.

　자신의 삶에 집중하는 사람은 가장 중요한 일에 몰입하여 원하는 바를 신속하게 성취해 나간다. 반면 타인에게 집중력을 빼앗기는 사람은 자신이 진정으로 원하는 것조차 모른 채 남의 의견과 세상의 유행을 좇는다. 그들은 타인의 인정과 관심이라는 파도에 휩쓸려 표류하며, 중심을 잃고 흔들린다. 당신은 어느 쪽에 속한 사람이고 싶은가?

　모든 사람에게는 무언가에 집중할 수 있는 잠재력이 있다. 무언가에 집중한다는 것은 해야 할 일을 명확히 알고 있음을 의미한다. 어떤 행동이 자신의 삶에 유익한지 분명히 인식하고 있다는 뜻이다. 하지만 안타깝게도 현대 사회의 기술 발달로 이러한 잠재력을 차단하는 강력한 적이 등장했다. 바로 스마트폰과 소셜 미디어다.

　이제 우리는 단 한 번의 손가락 터치만으로 전 세계의 방대한 정보와 다양한 콘텐츠에 손쉽게 접근할 수 있다. 이는 많은 장점을 가져왔지만, 동시에 수많은 단점도 초래했다. 가장 큰 문제점 중 하나는 과도한 정보로 인해 우리가 매 순간 가치 판단과 결정을 해야 하는 상황이 기하급수적으로 증가했다는 점이다. 간단한 예로, 수많은 알고리즘 추천 속에서 어떤 콘텐츠가 지금 나에게 가장 큰 도파민을 선사할지 끊임없이 고민하게 된다. 이는 마치 바닷물과 같아서 마시면 마실수록 더 목이 마르듯이, 점점 더 자극적인 것을 찾아 끝없는 스크롤의 늪에 빠지게 만든다.

인간의 정신력과 의지력은 한정되어 있다. 그렇다면 이 귀중한 자원은 어떻게 활용되어야 할까? 당신의 삶에 실질적으로 도움이 되는 방향으로 사용되어야 한다. 적합한 환경을 구축하는 데 투자되어야 한다. 무엇에 동의하고 무엇을 거부할지 고민하는 데 쓰여야 한다. 인생의 방향을 설정하는 데 활용되어야 한다. 해로운 요소로부터 당신의 정신과 신체를 보호하는 데 쓰여야 한다. 최적의 휴식 환경을 조성하는 데 사용되어야 한다.

기술이 가속화될수록 우리의 정신 에너지를 빼앗는 미디어의 유혹은 더욱 심화될 것이다. 그리고 사람들이 중심을 잃고 불안해질수록 생존을 위해 당신의 주의력을 끌어모으려는 시도 역시 늘어날 것이다. 관심은 그들에게 수익을 가져다주기 때문이다. 앞서 언급했듯이, 의도적으로 누군가에게 관심을 기울이는 것 자체는 문제가 아니다. 진정한 문제는 원치 않는데도, 내 삶에 도움이 되지 않는데도, 주의력과 집중력을 뺏기는 것이다.

　누군가는 당신에게 인공지능 기술을 익히라고 권할 것이며, 다른 이는 코딩 능력을 개발해야 한다고 조언할 것이다. 또 다른 이는 소셜 미디어 콘텐츠 제작 능력을 키워야 한다고 주장할 것이며, 누군가는 인간관계 역량을 향상시켜야 한다고 설득할 것이다. 그 모든 조언이 일리가 있다 해도 당신의 목표를 향한 여정에 도움이 되지 않거나 관심이 없는 분야라면, 그것들은 그저 방해 요소로 작용할 뿐이다.

　당신이 진정으로 원하는 삶은 무엇인가? 그 삶을 위해 지금 이 순간 집중해야 할 일은 무엇인가? 당신은 집중력을 빼앗기고 있는가, 아니면 당신의 삶에 온전히 집중하고 있는가?

문제를 직면하라

이 세상은 온갖 위험 요소로 가득 차 있다. 집 밖으로 나오는 순간부터 이미 온갖 위험에 노출되는 것이라고 할 수 있다. 하지만 그럼에도 불구하고 우리는 집을 나선다. 리스크보다 훨씬 더 큰 이득이 기다리고 있기 때문이다. 그렇다. 인간은 위험보다 이득이 더 크다고 느껴지면 위험을 뚫고서라도 그 이득을 얻기 위해 나아가는 존재다.

그런데 왜 우리는 그 위험을 별로 위협적으로 느끼지 않을까? 그 이유는 바로 익숙해졌기 때문이다. 그 위험은 더 이상 당신에게 위협적이지 않다. 무의식적으로 그 위험이 이미 내 주변에 존재하는 것이며, 충분히 이겨낼 만하다고 인지하고 있기 때문이다. 하지만 우리는 새로운 도전을 해야 할 시점이 오거나 기존의 안정감을 깨야만 하는 상황이 왔을 때 본능적으로 그것을 회피하려 한다. 회피하는 것이 생존에 유리할 것이라고 생각되기 때문이다. 물론 이것은 상황 판단 능력에 달려 있겠지만, 당신이 본능을 거스르고 그것을 할지 말지를 고민하고 있다는 것, 받아들일지 도망갈지를 저울질하고 있다는 사실 자체가 이미 도전의 대가는 달콤하리라는 사실을 무의식 중에 알고 있다는 방증이기도 하다.

당신이 도전을 선택했다면 그것을 밀고 나가야 한다. 하지만 많은 사람들은 그 결정으로 인해 마땅히 견뎌내고 해야만 할 것들을 하려 하지 않는다. 그저 거저 주어지기만을 바라는 듯하다. 의외로 그런 사람들이 많다. 그런 사람들이 빠지는 함정이 바로 '끌어당김의 법칙'을 빙자한 종교적 믿음이다. 끌어당김의 법칙 자체를 비판하는 것이 아니다. 끌어당김의 법칙에 기대어 생각만 하고 행동은 하지 않는 것을 지적하는 것이다. 자신의 문제를 직면하지 않고, 직접 행동하지 않고서는 아무것도 이룰 수 없다.

예를 들어 당신에게 부동산을 매매할 수 있는 절호의 기회가 왔다고 생각해 보자. 하지만 현금이 부족하기에 당연히 대출을 받아야 할 것이며, 등기부등본을 손에 쥐기 위해서는 매월 일정 이자를 갚아 나가야 할 것이다. 그리고 이것은 당신에게 큰 위협으로 다가올 것이다. '평생 돈을 갚으며 살아가야 한다고? 금리가 올라서 이자가 오르면 어떻게 하지? 이자를 갚지 못해 내 집이 경매에 넘어가면 어떻게 하지?' 이런 꼬리에 꼬리를 무는 부정적 상상으로, 당신은 두려움에 휩싸이게 될 것이다. 이러한 반응을 뇌과학적 논리로 설명하자면, 바로 '도마뱀의 뇌', 즉 '파충류 뇌Reptilian brain'가 작동하기 때문이라고 할 수 있다. 이 개념은 뇌과학자 폴 맥린Paul MacLean이 제안한 '삼위일체 뇌 이론Triune Brain Theory'에 기반한 것으로, 인간의 뇌는 진화적으로 세 부분—파충류의 뇌, 포유류의 뇌, 그리고 신피질—로 구성되어 있다는 이론이다. 이 중 가장 오래된 부분인 도마뱀의 뇌(파충류 뇌)는 생존과 관련된 본능적 반응, 즉 공포, 회피, 공격성, 반복 행동 등을 관장한다. 위험을 감지하면 즉각적으로 '도망치라'는 신호를 보내며, 새로운 것보다는 익숙한 것을 추구하고 변화에 저항한다.

하지만 우리는 도마뱀과 같은 파충류가 아니다. 우리에게는 본능이 있지만 이성도 존재한다. 파충류의 뇌에서 벗어나 이성적으로 바라보자. 정말 그것이 두려워서 포기할 정도로 가치가 없는가? 정말로 귀찮은 공부를 해서라도 도전할 만한 가치가 없는 일이라고 생각하는가?

사업을 고려할 때도 마찬가지다. 연인 관계를 맺는 것도 다르지 않다. 당신이 무언가를 취하려 할 때, 그에 따르는 어려움과 위협은 늘 존재한다. 당신이 뜻을 이루고자 한다면, 당신 앞에 닥친 문제나 불편함, 귀찮음을 회피하지 말고 직면해야 한다. 그 목표를 향해 마치 사냥개처럼 물고 늘어져야 한다. 한 번에 삼킬 수 없을 만큼 목표가 거대하다면 잘게 찢어서 먹기 좋은 크기로 나눠야 한다. 그럼 회피할 이유가 없어진다. 아주 편안한 식사를 할 수 있을 정도로 잘게 잘라야 한다. 위험 요소가 불투명하고 앞길에 마치 안개가 낀 것처럼 시야가 흐리다면, 불을 지펴 안개를 없애거나 높은 곳에 올라가 명확한 시야를 확보해야 한다.

목표가 생겼으면 절대 회피하지 마라. 잘게 쪼개든, 높이 올라가든, 수단과 방법을 가리지 말고 방법을 찾아내야 한다. 그리고 매 순간 그 저항에 부딪혀야 한다. 그리고 결국은 쟁취해야 한다. 목표에서 눈을 떼어서는 안 된다.

누군가는 이렇게 묻기도 한다. "그 방법 말고도 지름길이 존재할 수도 있지 않나요?" 때로는 예상치 못한 방법이 목표 달성을 위한 지름길이 되기도 한다. 그렇다면 지름길을 찾아도 좋다. 가장 중요한 것은 목표에서 눈을 떼지 않고 방법을 계속해서 강구하는 것이다. 목표를 향해 달려가는 과정에서 어려움이 닥친다면, 회피하지 마라. 도망친 곳에도 파라다이스는 없을 테니까.

PART 2

ONE RESET
멈춰 있던 나를 다시 움직이게 하는 관점 만들기

불확실성을 확실성으로 바꿔라

사람은 누구나 불확실성 속에 살아간다. 그 누구도 미래를 정확히 예측할 수 없다. 만약 자신은 모든 것이 예측 가능하다고 말하는 사람이 있다면 가까이하지 않는 것이 좋다. 사기꾼일 확률이 매우 높기 때문이다. 불확실한 자신의 미래를 조금이나마 예측해 보고자 하는 욕망을 위해 발전한 것이 동양에서는 사주팔자와 운세다. 그리고 서양에서는 포춘텔링과 타로다. 이 4가지 사업은 망하기 힘들다. 인간의 미래를 예측하고자 하는 욕망을 건드리는 사업은 어떤 형태로든 살아남을 것이다. 그러나 이런 것들은 '통계'를 기반으로 한 학문일 뿐,

'통제'를 기반으로 하고 있지 않다. 즉, 누군가의 해석에 의해 나의 운명이 결정되어 있음을 확인하는 것일 뿐, 내가 나의 운명을 바꿔 나갈 수 있다는 삶의 통제권에 대한 이야기는 없다는 것이다.

인간이 자신의 삶을 원하는 대로 통제할 수 있다면 사주팔자나 타로는 한때의 유행에 그쳤을 것이다. 사람들이 습관처럼 오늘의 운세를 확인하지도 않을 것이다. (물론 재미로 보는 사람들이 더 많다.) 어떻게든 스스로 자신이 원하는 결과를 만들어낼 수 있다는 확신이 있다면 이런 것들은 전혀 필요하지 않을 것이다. 그러나 인간은 모두 불안을 갖고 산다. 불안감은 자신의 삶을 통제할 수 없다는 무력함, 미래의 불분명함에서 비롯된다.

하지만 목표 달성이나 성공에 관해서는 얘기가 다르다. 우리가 통제할 수 없는 '시장'을 제외하고는 모든 것을 통제할 수 있다. 의지의 문제일 뿐이다. 예를 들어, 우리는 주식 시장을 주도할 수 없다. 이것은 통제 불가능하다. 우리가 나라의 정책을 좌우하고 법안을 새로 만들 수 없는 이상, 부동산 시장과 매물의 가격은 통제할 수 없다. 시장에 맡겨야 한다. 하지만 우리가 통제할 수 있는 것이 딱 하나 있다. 우리의 마음과 행동이다. 자신의 마음과 행동을 통제하는 법을 익히면 자기 삶을 통제할 수 있고, 삶을 통제할 수 있으면, 불안함 없이 자신의 인생을 주도해 나갈 수 있다. 성공을 방해하는 가장 큰 방해 요소는 이러한 자기 인생에 대한 주도성이나 통제성이 없을 때 동반되는 불안감과 그에 따르는 자기 의심이다.

그렇다면 성공으로 나아가는 데 방해의 원인이 되는 이 불확실성을 제거하기 위해서는 어떻게 해야 할까? 내가 원하는 것이 무엇인지, 내가 추구하는 삶의 방향이 무엇인지 잘 알고, 삶의 우선순위를 확실히 정하는 것이다. 사람들에게 '당신은 무엇을 원하나요? 어떤 삶을 추구하나요? 얼마를 벌고 싶나요?'라고 물어보면 5초 안에 바로 답변할 수 있는 사람은 손에 꼽을 정도다. 보통은 자신이 원하는 것이 무엇인지 분명히 알지 못하기 때문이다. 더구나 그것을 수치화하고 정의해 놓은 사람은 거의 없다. 삶의 목표나 방향성이 명확하지 않은 사람은 현재 자신이 하고 있는 행동이 옳은지, 잘해 나가고 있는 것인지, 혹시 무의미하게 시간을 낭비하고 있는 것은 아닌지 매 순간 자기 의심이 들 수밖에 없다. 그리고 이렇게 동기를 잃고 미적지근한 태도로 별로 원하지도 않는 곳을 향해 가게 되면 당연히 목표 달성은 소원해진다. 일에서 성취감을 느끼기도 어렵다. 그렇게 인생은 재미없어진다.

이제 당신의 성공을 가로막는 불확실성을 확실성으로 바꿔라. 미래를 예측하라는 말이 아니다. 당신의 행동에 명확성을 부여하라는 것이다. 내 삶에서 가장 중요한 것은 무엇인지, 내가 살아가는 이유는 무엇인지, 그래서 어떤 삶을 지향하는지, 그 삶을 살기 위해서는 어떤 목표를 가져야 하는지, 그 목표를 달성하기 위해서는 지금 당장 무슨 행동을 해야 하는지, 이 모든 것들이 세세하게 기록되어 있어야 한다. 적혀 있는 것만으로는 부족하다. 매일 아침, 목표를 노트에 한번씩 적어보며 오늘 내가 해야 할 일에 확신을 가지고 나아가야 한다.

역사적으로 위대한 인물들은 하나같이 명확한 삶의 방향성과 확고한 신념을 가지고 있었다. 그들은 불확실성 속에서도 자신의 비전을 흔들림 없이 추구했다. 마하트마 간디는 "세상에서 보고 싶은 변화가 되어라"라고 말했다. 그는 자신이 원하는, 인도의 독립이라는 명확한 목표를 위해 비폭력 저항이라는 확실한 방법론을 선택했다. 스티브 잡스 역시 "항상 갈망하라, 우직하게 도전하라 Stay hungry, Stay foolish"라는 자신만의 철학을 바탕으로 혁신적인 제품들을 만들어냈다. 그들에게 불확실성은 장애물이 아니라 오히려 기회였다.

흥미로운 점은 불확실성에 대한 두려움은 대부분 사실보다는 우리가 만들어낸 가상의 시나리오에서 비롯된다는 것이다. 심리학자들은 이것을 '파국적 사고 catastrophic thinking'라고 부른다. 심리학에서 말하는 파국적 사고란, 실제보다 훨씬 과장된 부정적 결과를 상상하며 그로 인해 불안과 회피 반응을 유발하는 인지 왜곡의 한 형태다. 우리는 보통 최악의 상황을 가정하고 그 결과에 대해 끊임없이 걱정한다. 하지만 현실에서 그런 최악의 상황이 발생할 확률은 극히 낮다. 설령 그런 상황이 벌어진다 해도, 우리는 생각보다 훨씬 더 적응력이 강하고 회복탄력성이 높은 존재다.

불확실성을 관리하는 또 다른 방법은 작은 목표부터 시작하는 것이다. 거대한 목표는 불안감을 증폭시킬 수 있다. 그러니 처음에는 작은 목표들을 설정하고 하나씩 달성해 나가는 것이 효과적이다. 각각의 작은 성공은 자신감을 키워주며, 이는 더 큰 도전을 위한 발판이 된다. 마라톤 선수가 42.195km를 한 번에 생각하지 않고 1km씩 나누어 달리듯, 우리도 삶의 큰 목표를 작은 단위로 나누어 접근해야 한다.

또한 불확실성을 받아들이는 마음가짐도 중요하다. 완벽한 확실성을 추구하는 것은 환상이다. 인생은 본질적으로 불확실하며, 이는 오히려 삶을 흥미롭게 만드는 요소임을 이해해야 한다. 불확실성을 적으로 여기기보다는 동반자로 여기는 사고방식의 전환이 필요하다. 이는 스토아 철학에서 말하는 '통제할 수 없는 것에 대한 평온함'과 일맥상통한다. 스토아 철학자들은 인생에서 일어나는 수많은 외부 사건들―예컨대 날씨, 타인의 행동, 운, 질병, 죽음 등―은 우리가 통제할 수 없는 영역에 속한다고 보았다. 이들은 '내가 할 수 있는 일'과 '할 수 없는 일'을 분별하는 지혜, 그리고 할 수 없는 일에 대해서는 담담히 받아들이는 태도를 강조했다.

대표적인 스토아 철학자 에픽테토스Epictetus는 이렇게 말했다. "우리를 괴롭히는 것은 사건 그 자체가 아니라, 그 사건에 대한 우리의 판단이다." 즉, 통제할 수 없는 현실은 변화시키려 애쓸 대상이 아니라, 평온하게 받아들여야 할 자연의 일부라는 것이다. 그 대신 우리의 의지, 태도, 반응 같은 '내부의 영역'에 집중함으로써 삶의 주도권을 되찾는 것을 중요하게 여겼다. 마르쿠스 아우렐리우스 역시 《명상록》에서 반복적으로 "자연에 따라 살아야 한다"고 강조하며, 불확실한 세상을 받아들이는 내면의 훈련을 설파했다. 이러한 철학은 오늘날과 같은 혼란과 예측 불가의 시대에도 유효하다. 불확실성을 제거하려는 강박보다, 그 속에서 중심을 잡고 살아가는 기술이야말로 현대인이 쌓아야 할 심리적 내공이다.

불확실성을 이기기 위해서는 일관된 행동 패턴을 유지하는 것도 중요하다. 매일 아침 같은 시간에 일어나 계획한 루틴을 실천하는 것은 혼돈 속에서 질서를 창조하는 행위다. 이러한 일관성은 삶에 안정감을 부여하며, 불확실한 상황에서도 중심을 잃지 않게 해준다. 성공한 사람들의 공통점 중 하나가 바로 루틴이라 불리는 이러한 습관이다.

마지막으로, 불확실성은 종종 새로운 가능성의 문을 열어주기도 한다는 것을 알아야 한다. 모든 것이 확실하고 예측 가능하다면, 발견과 성장의 여지는 줄어든다. 불확실성은 우리가 기존의 틀에서 벗어나 창의적이고 혁신적인 해결책을 모색하게 만든다. 따라서 불확실성을 두려워하기보다는 그 속에서 기회를 발견하는 안목을 키우는 것이 중요하다.

정리하자면, 당신이 불확실성이라는 덫에서 벗어나기 위해서는 제일 먼저 자신의 가치와 목표를 명확히 하고, 작은 목표를 세우고 성취하며 '작은 성공'들을 쌓아가면서 불확실성을 받아들이는 유연한 사고방식을 갖추어야 한다. 그리고 무엇보다 지금 이 순간, 자신이 통제할 수 있는 것에만 집중하는 것이 핵심이다. 이런 접근법을 통해 우리는 삶의 불확실성을 두려움의 대상이 아닌 성장의 발판으로 삼을 수 있게 된다.

작은 꿈을 크게 키워라

꿈이라는 단어는 이제 너무 낭만적인 말이 되어버렸다. 눈앞의 현실을 하루하루 살아내기도 벅차다는 이유로, 우리는 꿈의 크기를 가능한 한 작게 유지하려 애쓴다. 목표가 작아야 더 편하게 더 빨리 행복해질 것이라는 착각 때문이다. 그러나 정말 그럴까? 인간은 환경에 민감하게 반응하는 존재다. 끊임없이 타인과 나를 비교하며 살아간다. 월 1,000만 원을 버는 사람은 월 500만 원을 버는 사람 옆에서는 우월감을 느낄 테지만, 월 1억을 버는 사람 앞에서는 자신의 수입이 초라하게 느껴질 수밖에 없다. 한국이든 미국이든 어디든 마찬가지다.

인간은 주변 환경에서 받는 심리적 영향에서 완전히 벗어날 수 없다.

이렇듯 인간은 상대적인 기준으로 자신의 삶을 판단하고, 그것에 따라 새로운 갈망과 동기를 만든다. 그렇기 때문에 더더욱 꿈의 크기는 중요하다. 꿈은 단순한 미래의 희망이 아니라, 지금 우리의 생각과 행동, 삶의 방식 자체를 결정짓는 기준이 된다. 꿈이 크면 클수록 그에 맞는 삶의 구조와 전략이 따라오고, 작으면 작을수록 삶은 한정된 가능성 안에 갇히게 된다. 작은 꿈은 우리로 하여금 현재 가능한 범위 내에서만 선택하게 만든다. 반면 큰 꿈은 우리가 인식하지 못했던 가능성의 영역까지 넓혀준다. 이 과정에서 중요한 것이 바로 상상력이다. 현실적인 한계를 당연하게 받아들이지 않고, 그 너머를 떠올리는 힘. 이 상상력은 단순한 몽상이 아니라, 창조적 사고와 문제 해결력을 키우는 출발점이 된다.

꿈의 크기가 중요한 이유는 이렇듯 그것이 우리의 삶의 형태를 결정짓기 때문이다. 현실에만 집중하며 살다 보면 우리는 어느 새 자신의 가능성을 제한하며 살게 된다. 현재의 상태에서 가능한 것들만 상상하는 경향이 생기기 때문이다. 하지만 꿈을 꾼다는 것은 세상의 한계를 뛰어넘는 일이다. 최대한 큰 꿈을 꾸는 것, 그 과정에서 나오는 상상력은 성공을 이루는 데 매우 중요한 요소다.

많은 사람들이 실패에 대한 두려움, 그리고 주변의 시선 때문에 스스로의 한계에 갇혀 꿈을 크게 그리지 못한다. 그들은 '어차피 실패할 텐데, 굳이 꿈을 크게 꿀 필요가 있을까?'라는 생각을 하며 자신을 보호하려 한다. 물론, 현실적으로 불가능해 보이는 꿈을 꾸라는 것이 무책임하게 들릴 수도 있다. 하지만 상상력은 현실을 넘어서는 데서 출발해야 한다. 그리고 그런 상상력은 실패를 고려하지 않아야 한다. 100% 성공을 전제로, 성공 후 어떤 삶을 살고 싶은지를 상상하는 데서 시작해야 한다.

무책임하게 현실을 외면하라는 말은 아니다. 여기서 중요한 것은 현실에 매몰되지 않고 스스로에게 이렇게 묻는 것이다. "만약 내가 실패하지 않는다면, 어떤 삶을 살고 싶은가?" 이 질문은 우리를 보다 본질적인 욕망으로 안내하고, 진짜 원하는 삶의 형태를 그릴 수 있게 해준다. 현실성은 그다음 문제다. 상상력이 선행되어야, 그것을 현실로 전환하기 위한 전략도 구체적으로 설계할 수 있다.

이런 사고방식은 심리학 개념인 '자기실현적 예언Selffulfilling prophecy'과도 맞닿아 있다. 우리가 어떤 미래를 믿느냐에 따라 실제 결과가 달라질 수 있다는 원리다. 큰 꿈을 꾸는 사람은 그 꿈에 맞게 행동하고 선택하며, 그러한 태도가 점차 현실을 바꾸어간다. 처음에는 어색했던 큰 목표가 반복되는 상상과 실천 속에서 자연스러운 삶의 일부가 되는 것이다.

현실의 벽에 부딪히지 않고 상상력을 키우는 일은 창의성의 토대가 되기도 한다. 현실 안에만 사고를 가두면 기존의 틀을 벗어나는 새로운 아이디어를 발견하기 어렵다. 반면, 큰 꿈은 기존 시스템을 전복하고 새로운 가능성을 여는 창이 된다. 인간은 상상하는 만큼 성장할 수 있고, 상상하지 않으면 아무것도 달라지지 않는다.

예를 들어보자. 세계적으로 성공한 많은 인물들은 처음부터 세상이 말하는 '가능성의 범위'에 갇혀 있지 않았다. 스티브 잡스가 처음 애플을 창업할 때, 그는 단순히 잘 팔리는 컴퓨터를 만들겠다는 작은 꿈을 꾸지 않았다. 사람들이 상상조차 못했던 새로운 세상을 꿈꾸었기에 기술의 혁신을 이끌 수 있었다. 이처럼 큰 꿈을 꾸는 사람은 현실의 제약을 넘어서 세상을 새롭게 바라보는 힘을 갖게 된다.

큰 꿈은 그 꿈에 맞는 길을 찾도록 이끈다. 세상은 우리가 상상하는 만큼 커지고, 또 우리의 상상력이 이끄는 대로 변화한다. 따라서 실현 가능성에만 매몰되지 않고 '만약 내가 실패하지 않는다면 어떤 삶을 살고 싶은가?'라는 질문을 스스로에게 끊임없이 던져보는 것이 중요하다. 그 답이 바로 우리가 향해야 할 목표이자 방향이다.

성공의 첫걸음은 큰 꿈을 그리는 데서 시작된다. 스스로를 제한하는 것만큼 큰 방해 요소는 없다. 세상은 우리의 상상력만큼만 넓어진다. 꿈이 클수록, 그에 맞는 기회와 성취가 따라올 것이다. 따라서 현실이 아무리 냉정하더라도, 자신의 꿈을 크고 넓게 그리는 것을 두려워하지 말라. 꿈의 크기가 성공의 크기를 결정한다.

이런 관점에서 본다면, 꿈의 크기는 단순한 미래 청사진이 아니라 현재의 삶을 변화시키는 강력한 도구가 된다. 역사적으로 인류의 위대한 발전은 모두 '불가능해 보이는 꿈'에서 시작되었다. 인간이 달에 착륙하는 것, 전 세계가 인터넷으로 연결되는 것, 인공지능이 인간의 일부 영역을 대체하는 것, 이 모든 것은 한때 '터무니없는 상상'에 불과했다.

우리의 뇌는 놀라운 적응력을 가지고 있다. 큰 꿈을 꾸면 처음에는 어색하고 불가능해 보이지만, 시간이 지날수록 그 꿈이 현실적으로 다가오기 시작한다. 일종의 '자기 세뇌' 과정이라고 볼 수도 있다. 큰 꿈을 자주 떠올릴수록 그것을 달성하기 위한 행동과 사고방식이 자연스럽게 형성된다. 또한 어떤 분야에서든 최고가 되는 사람들은 대부분 처음부터 최고를 목표로 삼았다. 세계 챔피언이 되겠다는 꿈 없이 권투 선수가 되는 사람은 드물다. 노벨상을 타겠다는 열망 없이 과학자의 길을 선택하는 사람도 많지 않다. 물론 모든 권투 선수가 챔피언이 되고, 모든 과학자가 노벨상을 받지는 못한다. 하지만 그런 큰 꿈이 없다면 그 어떤 성취도 이루기 어렵다.

마이크로소프트의 창업자인 빌 게이츠가 "모든 가정에 컴퓨터를 보급하겠다"고 선언했을 때, 많은 사람들은 비현실적인 목표라고 생각했다. 당시만 해도 컴퓨터는 대형 기업이나 연구소에서만 사용하는 고가의 장비였다. 하지만 그의 비전은 결국 현실이 되었고, 오늘날 우리는 컴퓨터를 주머니 속에 넣고 다니는 시대에 살고 있다.

일상생활에서도 이런 원리는 적용된다. 단순히 몸무게를 3kg 줄이겠다는 목표보다는 건강한 라이프 스타일을 만들겠다는 더 큰 목표가 장기적으로 효과적인 경우가 많다. 작은 목표는 달성한 후 다시 원점으로 돌아가기 쉽지만, 큰 목표는 근본적인 변화를 이끌어내기 때문이다.

꿈의 크기가 현실에 미치는 영향력은 우리의 잠재의식과도 관련이 있다. 우리의 뇌는 그것이 상상력이든 실제 경험이든 비슷한 뇌 회로를 활성화한다. 실제로 많은 운동선수들이 실제 경기 전에 '이미지 트레이닝'을 하는 이유도 여기에 있다. 마음속으로 성공을 상상하는 것만으로도 실제 수행 능력이 향상될 수 있다는 연구 결과도 있다.

마지막으로, 큰 꿈을 꾸는 것은 삶에 의미와 목적을 부여한다. 단순히 생존하거나 평범한 삶을 사는 것을 넘어, 더 큰 무언가를 향해 나아가는 과정에서 인간은 진정한 만족감과 행복을 느낀다. 심리학자 빅터 프랭클이 말했듯이, 인간은 '의미를 찾는 존재'다. 그리고 큰 꿈은 그 의미를 찾는 여정의 시작점이 된다.

당신의 꿈은 얼마나 큰가? 그리고 그 꿈을 향해 얼마나 대담하게 나아가고 있는가? 꿈의 크기를 제한하지 말고, 진정으로 원하는 삶의 모습을 상상해 보라. 그리고 그 상상이 현실이 될 것이라고 굳게 믿어보라. 그것이 바로 변화의 시작이다.

주변의 영향을 벗어나
주도적인 인생을 선택하라

우리가 주도적으로 인생을 살아가는 데 있어 가장 큰 장애물로 작용하는 것 중 하나는 바로 주변 사람들의 시선과 만류다. 특히 한국 사회는 오지랖 문화가 뿌리 깊게 자리 잡고 있어 대체로 타인의 삶에 관심이 많다. 문제는 이것이 개인의 주도적 삶에 방해 요소로 작용한다는 것이다. 동양의 강력한 집단주의 문화는 서양처럼 개인의 자유와 선택을 중시하지 않는다. 그보다 남들이 나를 어떻게 볼지, 주변 사람들과의 관계를 더 중요하게 생각하는 경우가 많다. 이러한 문화는 온라인 환경에서도 크게 다르지 않다. 물론 최근에는 서양의 개인

주의적인 사고가 퍼지고 있긴 하지만, 한국 사회에서 살고 있는 이상 여전히 다른 사람의 시선으로부터 완전히 벗어나서 살아가기란 쉽지 않다.

특히 부모님은 자녀가 더 나은 삶을 살기를 바라며 많은 조언을 해주고 인생에 깊게 관여한다. 하지만 그 조언들이 표면적으로는 자녀의 성공을 위한 것 같지만, 사실 부모님 자신의 기대와 욕망을 자녀를 통해 실현하려는 경우가 많다. 부모님이 말하는 '성공'이라는 기준이 꼭 자녀에게 맞는 것은 아니다. 그 방향은 대부분 부모님이 생각하는 '안정적이고 좋은' 삶일 뿐, 자녀가 정말 원하는 삶과는 다를 가능성이 크다.

부모가 자녀보다 인생 경험이 많기에 그들의 의견을 따르는 것이 더 안전해 보일 수 있다. 그래서 아직 정체성이 확립되지 않은 자녀는 부모님의 뜻을 거스르지 못하고 그들이 말하는 대로 따라가기도 한다. 하지만 시간이 지나서 후회할 때쯤엔 이미 너무 많은 시간이 흘러버린 경우가 많다. 부모님도 그들의 인생에서 큰 성공을 이루지 못했거나, 지금 자신이 원하는 삶을 살고 있지 못할 수도 있다. 그래서 자신이 이루지 못한 꿈을 자녀에게 투영해, 대신 이루어주길 바라는 마음을 가지고 있을지도 모른다.

부모님은 자녀가 공무원이 되거나 대기업에 들어가길 바랄 수 있다. 그들은 이런 길이 안전하고 실패할 가능성이 적다고 생각하기 때문이다. 그런데 만약 자녀가 예술가나 창업가가 되고 싶어 한다면, 그 기대와 꿈이 충돌하게 된다. 결국 자녀는 부모님의 기대를 따르면서 자신의 꿈을 포기하거나 갈등을 겪게 될 것이다. 이런 상황에서 자녀는 스스로 선택하지 못한 삶을 살게 될 가능성이 높고, 이는 필히 후회로 이어질 것이다.

부모님의 조언을 무시하라는 말은 아니다. 그 조언 속에는 분명 오랜 삶의 경험에서 우러나온 지혜가 담겨 있다. 하지만 그 조언이 내 인생에 진짜로 도움이 되는 것인지, 내가 진정으로 원하는 삶과 연결되어 있는지는 스스로 깊이 고민해 볼 필요가 있다. 진짜 내 인생을 살아가기 위해서는 부모님의 기대를 넘어 나 자신이 진정으로 원하는 삶을 찾아나가는 용기가 필요하다. 그리고 그 선택이 어떤 결과를 가져오든 그 모든 책임을 기꺼이 감당하겠다는 태도야 말로, 삶을 주도적으로 살아가는 첫걸음이 된다.

크랩 멘탈리티: 친구의 영향력에서 벗어나라

친구들도 우리가 주도적인 삶을 사는 데 부정적인 영향을 끼칠 수 있다. 친구들은 우리에게 심리적으로 안정감을 주는 소중한 존재다. 하지만 친구들 모두가 비슷한 상황에 있을 때는 큰 문제가 없더라도, 누군가가 더 빠르게 성공하거나 자신들에 비해 큰 성취를 이루면 분위기가 달라지기도 한다. 이때 등장하는 것이 바로 '크랩 멘탈리티Crab Mentality'다. 이는 심리학이나 사회학에서 자주 언급되는 개념으로, 바구니 안에 게 한 마리만 있을 경우 쉽게 기어 나올 수 있지만, 여러 마리가 함께 있을 경우 한 마리가 나가려고 하면 나머지 게들이 발을 잡아당기듯, 누군가가 잘되면 그를 끌어내리려 하는 심리를 말한다.

이런 심리는 인간의 본능에 가깝다. 친구 중 한 명이 성공하거나 더 앞서 나가면, 나머지 친구들은 뒤처졌다는 느낌을 받으며 불편함을 느낀다. 이 불편함을 해결하는 방법은 스스로 더 노력하는 것이 아니라, 성공한 친구를 끌어내리는 쪽이 더 쉬운 경우가 많다. 그래서 친구들은 종종 직접적으로 방해하지는 않더라도, 부정적인 반응을 보이거나 소극적인 태도로 친구의 성공을 축소하려고 한다.

특히 심리적으로 가까운 친구일수록 이런 현상이 더 강하게 나타난다. 우리는 친구들에게 인정받고 싶고, 친구들과 비슷한 수준에서 나아가고 싶어 한다. 하지만 누군가가 더 앞서 나가면 그 관계에 미묘한 긴장이 생길 수 있다. 그래서 친구들의 시선과 반응이 우리의 선택과 행동에 큰 영향을 주게 된다. 주도적인 삶을 살아가려면, 이런 친구들의 시선이나 태도에도 흔들리지 않고 자기만의 길을 가는 것이 중요하다.

독립적 사고: 자신을 신뢰하라

부모님이나 친구들의 기대와 시선은 때로 우리에게 무거운 압박으로 다가온다. 그들은 걱정과 사랑이라는 이름으로 조언을 건네지만, 그것이 때로는 우리를 있는 그대로의 삶에서 멀어지게 하기도 한다. 부모님의 기대, 친구들의 질투나 견제, 그리고 사회가 요구하는 '상식적인 삶'이라는 기준에 맞추다 보면, 우리는 점점 자신이 진정 원하는 것이 무엇인지조차 잊게 된다. 마음속에서는 끊임없이 "이게 정말 내가 원한 길인가?"라는 질문이 떠오르지만, 주변의 기대와 비교 앞에서 그 목소리는 점점 작아진다.

하지만 주도적인 삶을 살기 위해서는, 이런 외부의 방해 요소들에 흔들리지 않고 나만의 방향을 스스로 설정할 수 있어야 한다. 타인의 기대에 부응하는 삶은 일시적으로는 안정감과 인정을 가져올 수 있지만, 시간이 지나면 반드시 공허함이라는 대가를 치르게 될 것이다. 그래서 진정한 삶의 주인은 결국 자기 자신이 되어야 한다.

이를 위해 가장 중요한 것은 '독립적인 사고'를 기르는 것이다. 독립적 사고란, 타인의 의견을 존중하되 자신만의 기준과 판단력을 중심에 두는 태도를 말한다. 부모님의 기대나 친구들의 반응을 완전히 배제할 필요는 없다. 그들의 말에는 오랜 경험과 진심어린 조언이 담겨 있을 수 있다. 그러나 그것이 판단의 기준이 되어선 안 된다. 결국 내 인생의 책임은 온전히 내가 져야 하기 때문이다.

독립적 사고는 명확한 자기 인식에서 출발한다. 내가 무엇을 좋아하는지, 어떤 삶을 원하는지, 어떤 가치관을 가지고 있는지를 알고 있어야 타인의 기대에 휘둘리지 않는다. 자신을 모르면, 타인의 기대가 곧 나의 기준이 되어버리기 쉽다. 반대로, 자신의 방향성과 가치관이 명확해질수록 외부의 기준은 참고 자료일 뿐 결정권은 내 안에 남게 된다.

또한 자기 자신에 대한 믿음과 신뢰도 반드시 필요하다. 부모님이나 친구들이 더 많은 것을 알고 있다고 느껴질 수도 있다. 그들의 말이 논리적이고 현실적으로 들릴 수도 있을 것이다. 하지만 삶의 방향은 지식의 양이나 세상의 경험만으로 정해지지 않는다. 오히려 '나만이 알 수 있는 내면의 동기'가 삶을 밀어주는 가장 강력한 힘이 된다. 스스로에 대한 신뢰는 시행착오를 감당할 용기를 주고, 실패 속에서도 다시 방향을 찾게 만드는 나침반이 된다.

실제로 세상에서 성공한 많은 사람들은, 처음부터 지지를 받은 것이 아니라 반대 속에서 자기만의 길을 개척해 나갔다. 많은 기업가, 예술가, 사상가들이 주변의 회의적인 시선과 만류에도 불구하고 자신의 꿈을 포기하지 않았다. 그들은 "그 길은 위험하다", "너무 비현실적이다"라는 말에 흔들리지 않고, 스스로의 가능성을 믿고 나아갔다. 그리고 시간이 지난 뒤, 오히려 그들을 만류하던 사람들이 그들의 선택을 존중하고 따르게 되었다.

이처럼 진짜 독립이란 물리적으로 혼자 사는 것이 아니라, 정신적으로 자율적인 존재가 되는 것이다. 남이 짜놓은 인생 시나리오가 아니라, 내가 직접 선택하고 책임지는 삶을 사는 것이다. 때로는 외로울 수 있고, 불안할 수 있다. 하지만 그 길 끝에는 후회하지 않는 인생, 자기 삶에 대한 자부심이 기다리고 있다.

관계 유지와 거리 두기

주변의 만류나 부정적인 시선을 피하려고 굳이 모든 관계를 끊을 필요는 없다. 오히려 건강한 관계를 유지하면서도 자신만의 길을 선택하는 것이 더 현명한 방법일 수 있다. 부모님이나 친구들과의 관계는 삶에서 분명 중요한 요소지만, 그 관계가 내 선택과 방향을 좌우하게 해서는 안 된다. 특히 친구들과의 관계에서는 적절한 '거리 두기'가 필요하다. 모든 친구가 나의 변화나 성공을 진심으로 응원해주지는 않을 수 있기 때문이다. 함께한 추억을 소중히 여기되, 그 감정에 휘둘리지 않고 내가 가고자 하는 길을 분명하게 설정할 수 있어야 한다.

결국 우리는 타인의 기대나 시선에 휘둘리지 않고, 내가 진정으로 원하는 삶을 선택하고 주도적으로 살아가야 한다.

주변의 기대와 만류가 우리의 선택을 방해할 때, 우리는 그에 맞서 자신의 길을 찾아 나아가는 힘을 길러야 한다.

남들이 만류하는 길을 홀로 걷다 보면 종종 '나 혼자만 괴짜인가?'라는 의문에 빠지기도 할 것이다. 하지만 역사적으로 혁신을 이룬 사람들은 대부분 그 시대에 '이상한 사람'으로 여겨졌다. 일론 머스크는 로켓을 민간에서 쏘아 올리겠다는 계획을 발표했다. 브라이언 체스키Brian Chesky(에어비앤비 CEO)는 낯선 이에게 집을 빌려주겠다는 아이디어를 냈다. 세상 모두가 터무니없는 일이라며 조롱했지만, 그들은 멈추지 않았다. 그들이 주변의 평가에 굴복했다면, 오늘날 우리가 아는 혁신은 없었을 것이다.

한국 사회에서는 특히 나이가 중요한 요소로 작용한다. 나이에 따라 이루어야 할 일들이 암묵적으로 정해져 있고, 그 시기를 놓치면 '나만 뒤처졌다'는 압박을 받게 된다. 20대 중반에는 취업을, 30대 초반에는 결혼을, 30대 중반에는 자녀를 가져야 한다는 사회적 기대가 존재한다. 이런 기대는 개인의 상황과 욕구를 고려하지 않은 채 모두에게 동일하게 적용되며, 이에 맞지 않는 선택을 하면 '비상식적'이라는 시선을 받게 된다.

이러한 사회적 압박은 특히 진로 선택에 있어 큰 영향을 미친다. 안정적인 직업을 선호하는 문화 속에서, 창업이나 예술과 같은 불확실한 길을 선택하는 것은 주변의 우려와 반대를 불러일으킨다. "그 길로 가면 먹고살기 힘들다"거나 "그런 일은 취미로만 하고 안정적인 직업을 가져라"와 같은 조언은 선의에서 비롯된 것일지라도, 결국 개인의 꿈과 열정을 제한하는 결과를 낳게 된다.

특히 심각한 것은 이러한 외부의 목소리가 시간이 지남에 따라 내면화되어 어느덧 자기 검열의 형태로 나타난다는 점이다. 주변의 만류를 오랫동안 겪다 보면, 우리는 스스로 "진짜 이 길이 아닌가?"라고 생각하게 되고, 도전하기도 전에 포기하는 습관이 형성된다. 이는 '학습된 무기력'이라고 불리는 현상으로, 반복된 좌절 경험이 도전 자체를 포기하게 만드는 것을 말한다. 또한 디지털 시대에 들어서면서 SNS를 통한 타인과의 비교가 이러한 문제를 더욱 심화시켰다. 우리는 SNS에서 타인의 '하이라이트 릴'만을 보고 자신의 '비하인드 씬'과 비교하며 상대적 박탈감을 느낀다. 이는 자신의 선택에 대한 확신을 약화시키고, 남들과 같은 길을 걷도록 압박하는 요인이 된다.

이러한 외부의 압박에 대응하기 위해서는 다시 강조하지만, 자신만의 가치관과 목표를 명확히 세우는 것이 중요하다. 나는 왜 이 일을 하고 싶은지, 이 선택이 나에게 어떤 의미가 있는지를 스스로에게 물어보고 답을 찾아가는 과정이 필요하다. 내적 확신이 강할수록 외부의 영향력에 덜 흔들리게 될 것이다. 또한 자신과 비슷한 가치관을 가진 사람들로 구성된 커뮤니티를 찾는 것도 도움이 된다. 자신의 선택을 지지하고 응원해주는 사람들과 연결되는 일은 외부의 부정적인 영향을 상쇄시키는 역할을 한다. 같은 길을 걷는 사람들과의 교류는 자신의 선택에 대한 확신을 강화하고 어려움을 함께 나누며 극복하는 데 큰 도움이 될 것이다.

마지막으로 타인의 의견을 듣는 것과 그것에 따르는 것은 다른 문제임을 인식해야 한다. 주변 사람들의 조언을 들을 때는 그 내용을 비판적으로 분석하고, 나에게 정말 유용한 것인지를 판단하는 능력을 길러야 한다. 모든 조언을 무시하는 것보다는 선별적으로 수용하는 지혜가 필요하다는 것이다.

주변의 만류를 극복하고 자신만의 길을 걷는 것은 분명 쉽지 않은 도전이다. 하지만 진정으로 주도적인 삶을 살기 위해서는 필수적인 과정임을 알아야 한다. 외부의 시선보다 자신의 내면의 소리에 귀 기울이고 그에 따라 행동할 수 있는 용기를 가질 때, 비로소 우리는 후회 없는 삶을 살아갈 수 있을 것이다.

타인의 방식을 버리고
나만의 방식을 찾아라

우리가 원하는 삶을 주도적으로 계획하고 살아가는 일은 새로운 여정을 시작하는 것과 같다. 하지만 여행을 떠나려면 시간, 에너지, 자원이 필요한 것처럼, 주도적인 삶을 살기 위해서도 정신적·신체적 에너지가 필요하다. 문제는 많은 사람들이 그 여정을 제대로 시작하기도 전에 지쳐버린다는 점이다.

왜 그럴까? 핵심적인 이유는 삶의 목적과 방향이 분명하지 않기 때문이다. 현대 사회에서 번아웃이 흔한 이유는, 많은 이들이 자신이 원하는 삶의 모습이 무엇인지 충분히 고민하지 못한 채, 사회가 정해놓은 기준에 맞춰 살아가기 때문이다. 우리는 주변에서 요구하는 역할을 수행하며 타인의 기대에 부응하기 위해 에너지를 소진한다. 스스로 원하는 삶이 아닌, '살아야 하는 삶'에 갇히게 되는 것이다.

 이러한 삶은 외형적으로는 바쁘고 충실해 보이지만, 내면적으로는 공허하다. 왜냐하면 행동에는 이유가 필요하고, 그 이유가 분명하지 않으면 성취도 피로로 전환되기 때문이다. 예컨대, 매일 야근하며 일하는 직장인이 있다고 하자. 그는 '회사의 기대에 부응해야 한다'는 생각으로 밤늦게까지 일하지만, 정작 자신이 왜 그렇게까지 일해야 하는지, 그 일이 자신에게 어떤 의미가 있는지를 모른다. 이럴 경우 그 수고는 쉽게 번아웃으로 이어질 수밖에 없다.

 주도적인 삶을 살기 어려운 또 다른 이유는 '프레임' 때문이다. 프레임은 우리가 세상을 해석하는 고정된 틀이다. 우리는 각자의 경험과 신념에 따라 세상을 바라보지만, 문제는 이 프레임을 타인에게도 강요하거나, 타인의 프레임에 자신을 억지로 맞추려 할 때 발생한다. 친구의 성공 방식이 나에게도 성공의 정답이 되리란 보장은 없다. 그럼에도 많은 사람들은 타인의 방식이 더 옳아 보이기에 자기 생각을 접고, 그들의 방식에 자신을 맞추며 점점 지쳐간다.

그렇다면 어떻게 해야 번아웃을 피하고 주도적인 삶을 살아갈 수 있을까? 중요한 것은 삶의 '목적'과 '핵심 가치'를 분명히 하는 것이다. 이는 흔들리지 않는 나침반이 되어, 나로 하여금 외부의 기대나 프레임에 휘둘리지 않게 해준다. 예를 들어보자. 세계적인 장거리 마라토너인 킵초게Eliud Kipchoge는 "고통은 순간이지만 포기는 영원하다"는 신념을 가지고 훈련한다. 그는 혹독한 훈련을 반복하면서도 지치지 않는다. 왜냐하면 그가 달리는 이유, 즉 자신의 목표가 분명하기 때문이다. 마찬가지로, 우리는 인생에서 어떤 일을 하든, 그 목적이 명확하다면 고된 과정을 견딜 수 있는 힘을 얻게 된다.

핵심 가치를 세우는 일도 중요하다. 가치란 우리가 무엇을 중요하게 생각하며 살 것인지에 대한 기준이다. 어떤 사람은 '자유'를, 또 다른 사람은 '성장'을 삶의 가치로 둘 수 있다. 이 가치가 명확하면, 순간순간의 선택에서 갈등하지 않고 자신에게 맞는 방향을 선택할 수 있다. 그리고 이는 우리가 에너지를 낭비하지 않고 목표에만 집중하게 해준다.

에너지 관리도 병행되어야 한다. 아무리 목적과 가치가 분명하더라도, 몸과 마음이 지치면 결국 무너진다. 규칙적인 수면, 가벼운 운동, 혼자만의 휴식 시간은 단순한 '쉼'이 아니라, 삶을 지속 가능하게 만드는 중요한 자산이다. 구글의 공동 창업자 래리 페이지Larry Page는 업무 시간 중 일정 구간을 '사색의 시간'으로 비워두며 산책하거나 명상하는 루틴을 실천해왔다. 그는 이 조용한 틈에서 핵심 기술과 전략을 정리하고 결정적인 방향을 잡았다. 이처럼 휴식은 단지 멈춤이 아니라, 앞으로 나아가기 위한 준비 단계이기도 하다.

마지막으로, 정기적으로 자신의 삶을 점검하는 루틴이 필요하다. 지금 내가 가는 방향이 나의 목적과 가치에 부합하는지 돌아보는 습관은, 에너지를 재정비하고 외부 기준에 휩쓸리지 않도록 돕는다. 단 한 번의 성찰로 평생의 번아웃을 막을 수는 없다. 그러니 반복적으로 점검하는 습관을 길러 삶의 중심을 지켜내야 한다.

결국 번아웃은 단순한 과로의 문제가 아니라, 목적 없는 행동과 타인의 기준에 갇힌 삶에서 비롯되는 경우가 많다. 자신만의 목적과 핵심 가치를 찾고, 그에 따라 에너지를 적절히 관리하는 것. 그리고 방향을 잃지 않기 위한 꾸준한 점검. 이것이야말로 주도적인 삶을 살아가는 사람들의 공통된 전략이며, 번아웃을 예방하고 극복하는 가장 현실적인 방법이다.

롤모델을
나침반 삼아라

"내가 내 인생을 살아가는 데 굳이 롤모델이 필요할까?" 우리는 종종 그렇게 생각한다. 특히 개성과 자율성을 강조하는 시대일수록, 남의 길을 따라간다는 것이 어딘가 불편하게 느껴지기도 한다. 하지만 주도적인 삶을 살아가려면 오히려 선명한 기준과 방향이 필요하며, 그 기준을 잡는 데 있어 롤모델은 강력한 나침반이 되어준다.

롤모델이란 단지 유명하거나 성공한 사람을 의미하는 것이 아니다. 그보다는 내가 닮고 싶은 가치와 삶의 태도를 구현하고 있는 사람, 또는 내가 가고자 하는 방향을 앞서 걸어간 사람을 말한다. 누군가를 동경한다는 것은, 이미 그의 철학이나 방식을 내면적으로 받아들이고 있다는 뜻이다. 그리고 그 방향성이 명확할수록 우리는 더 주체적이고 전략적으로 삶을 설계할 수 있다. 예를 들어, 워런 버핏은 단순히 세계적인 투자자이자 부자라는 점만으로 주목받는 것이 아니다. 그는 수십 년째 같은 집에서 살고, 1달러도 아껴 쓰는 검소한 생활을 하며, '내가 이해하지 못하는 일에는 투자하지 않는다'는 철저한 원칙주의로 살아왔다. 그의 성공은 운이 아니라 원칙 중심의 꾸준함, 복리적 사고, 단순한 생활방식에서 비롯되었다. 그래서 버핏을 롤모델로 삼는 사람들은 단순히 '돈을 많이 벌고 싶다'는 욕망보다, 지속 가능하고 안정된 그의 삶의 태도를 배우고자 한다. 또 다른 예로, 스타벅스 전 CEO 하워드 슐츠Howard Schultz는 뉴욕 브루클린의 빈민가에서 태어나, 산업재해로 일자리를 잃은 아버지를 보며 자랐다. 어린 시절 그는 "내가 회사를 만든다면, 사람들을 소외시키지 않겠다"고 결심했고, 이후 스타벅스를 '사람 중심의 공간'으로 재탄생시키며 직원 복지와 존엄 있는 노동을 실현해냈다. 그의 성공은 자본이나 배경이 아닌, 삶의 철학과 사람에 대한 태도에서 시작되었다는 점에서 깊은 울림을 준다.

이처럼 롤모델은 우리가 무조건 따라야 할 대상이 아니라, 더 나은 선택을 하기 위한 기준을 제공하는 참고서와 같다. 처음부터 모든 길을 새로 개척하려 한다면 수많은 시행착오를 거쳐야 하겠지만, 누군가의 발자취를 참고한다면 시행착오를 줄이고 더 효율적으로 목표에 도달할 수 있다. 그리고 그 과정에서 나만의 방식과 색깔을 더하는 것이야말로 진정한 자기계발이다.

물론 롤모델 없이 살아가는 것도 가능하다. 자신이 원하는 삶의 방향이 명확하다면, 누군가의 길을 참고하지 않아도 충분히 나만의 길을 걸어갈 수 있다. 하지만 현실에서는 많은 사람들이 정보의 홍수 속에서 방향을 잃고 헤맨다. 선택지가 많을수록 우리는 선택 기준이 필요하고, 그 기준을 제공하는 사람이 바로 롤모델이다. 주의할 점도 있다. 롤모델을 선택할 때는 단순한 성공 여부보다 그 사람이 성공한 과정과 태도, 삶의 철학을 함께 살펴봐야 한다. 외적인 결과만 보고 따르다 보면, 그 이면의 문제점이나 나와 맞지 않는 가치관까지 무비판적으로 수용할 위험이 있다.

여러 사람을 롤모델로 삼는 것도 좋은 방법이다. 한 사람에게서 '집중력'을, 다른 사람에게서 '리더십'을, 또 다른 인물에게서 '균형 잡힌 삶'을 배우는 식으로, 다양한 지혜를 흡수한다면, 우리는 보다 입체적이고 균형 잡힌 자기 기준을 만들 수 있을 것이다.

오늘날 우리는 SNS, 다큐멘터리, 책, 인터뷰 등 다양한 채널을 통해 지리적 제약 없이 수많은 롤모델과 연결될 수 있다. 스타트업 창업자, 콘텐츠 크리에이터, 자기 관리 전문가 등 분야별로 자신에게 맞는 롤모델을 탐색하는 것도 삶의 방향을 설계하는 유용한 방법이 될 것이다.

결국, 롤모델은 우리에게 "이런 삶도 가능하다"는 가능성의 문을 열어주는 역할을 한다. 그 문을 여는 순간, 우리는 자신이 가고자 하는 길을 더 명확히 그릴 수 있고, 그 길을 자신 있게 걸어갈 수 있는 힘을 얻게 된다. 중요한 것은 누군가를 그대로 따르는 것이 아니라, 그들의 경험과 철학을 발판 삼아 나만의 방식으로 삶을 재구성하는 일이다. 롤모델은 나침반이지 목적지가 아니라는 것을 기억하라.

혼자 하지 말고 함께하라

2024년을 기준으로 1인 가구 수가 1,000만 명을 넘어섰다. 혼자 사는 사람이 많아지면서 자연스럽게 증가하는 것이 있다. 바로 고독과 외로움이다. 누군가는 혼자만의 시간을 자기 계발의 기회로 삼기도 한다. 혼자 있을 때 온전히 집중과 자기 성찰이 가능하고, 그로 인해 더 큰 성취를 이룰 수 있을 것이라 믿는다. 하지만 이러한 사고에는 한 가지 중요한 전제가 빠져 있다. 인간은 사회적 동물이라는 점이다. 인간은 타인과의 교류를 통해 에너지를 얻고 발전해 나가는 존재다. 아무리 홀로 있는 시간이 중요하더라도, 진정한 성장을 위해 외부와의 접촉은 필수적이다.

자기계발을 위해 자기만의 시간을 갖는 것은 유익하지만, 그 시간이 지나치게 길어지면 고립으로 이어질 수 있다. 사람들과의 상호작용은 단순한 정보 교환을 넘어 정서적 안정과 에너지 회복을 가능하게 한다. 타인과 직접 마주 보며 감정을 주고받는 경험은 우리를 건강하게 만들고, 더 넓은 사고와 새로운 가능성을 제시해준다.

물론 혼자 있는 시간을 잘 활용하는 사람도 있다. 하지만 외로움이 장기화되면 동기 저하와 삶의 질 저하로 이어질 수 있다. 이는 결국 주도적인 삶을 살아가는 데 장애가 된다. 사람과 대면하는 일은 온라인으로 정보를 수집하는 것과는 본질적으로 다른 효용성이 있다. 신뢰와 공감 속에서 이루어지는 관계는 개인의 내면을 성장시키는 중요한 자양분이 되기 때문이다.

성공을 지속시키는 힘 역시 사람 사이에서 비롯된다. 다양한 사람과의 교류를 통해 우리는 새로운 관점을 얻고 나만의 프레임을 점차 확장해 나갈 수 있다. 이를 통해 삶은 더 풍요로워지고 가능성은 확장된다. 그러니 고독을 긍정적으로 활용하는 일만큼 타인과의 관계 또한 의도적으로 형성하고 유지하려는 노력이 중요하다.

현대 심리학 연구에 따르면, 장기적인 고독은 정서적 불편을 넘어 신체 건강에도 영향을 미친다. 미국 브리검 영 대학Brigham Young University의 연구에 따르면, 만성적 외로움은 면역력 약화, 심혈관 질환 위험 증가, 수면 질 저하와 관련이 있다. 그리고 이는 흡연이나 비만보다 수명 단축에 더 큰 영향을 줄 수 있다고 한다. 고독이 더 이상 감정의 문제가 아니라 실질적인 신체적 리스크라는 점을 증명하는 결과다.

디지털 시대의 고독은 더욱 복잡하다. 하버드대 연구에 따르면, 소셜 미디어 사용 시간이 늘어날수록 외로움은 증가하는 경향이 있다고 한다. 연결되어 있으나 고립감을 느끼는 이러한 역설은, 가상공간에서의 연결이 대면 관계를 완전히 대체하지 못한다는 사실을 시사한다.

물론 일정 수준의 고독은 창의성과 자기 성찰에 도움을 줄 수 있다. 아이작 뉴턴은 흑사병을 피해 혼자 지내던 시기에 중력 이론을 발전시켰고, 헨리 데이비드 소로는 월든 호수에서 자연주의 철학을 정립했다. 하지만 이들은 필요할 때 사회로 돌아와 생각을 나누고 검증받았다는 공통점이 있다. 진정한 창의성은 고독한 사색과 사회적 교류 사이의 균형에서

탄생한다.

현대 사회에서는 자발적이고 목적이 있는 '적절한 고독'과, 사회적 연결이 단절된 '해로운 고독'을 구분할 줄 알아야 한다. 우리가 경계해야 할 것은 후자다. 성공적인 사람들은 이 균형을 잘 관리한다. 예컨대, 빌 게이츠는 매년 '생각 주간Think Week'을 통해 혼자만의 시간을 가지며 집중적으로 아이디어를 탐구했지만, 이후 이를 조직 내 소통으로 연결시켰다.

고립과 고독에서 벗어나는 현실적인 방법으로는 관심사 기반의 커뮤니티 활동, 정기적인 자원봉사 등이 있다. 같은 관심을 가진 사람들과의 교류는 관계를 자연스럽게 만들고, 정서적 안정을 제공하는 동시에 정신 건강에도 도움이 된다. 혼자만의 시간만큼, 관계 속에서 성장하고 충전할 수 있는 시간도 중요하다는 것을 명심하라.

PART 3

ONE ROADMAP
인생을 다시 설계하는 프레임 만들기

늘 시간과 에너지를 점검하라

앞서 성공한 사람들이 공통적으로 지닌 마인드셋과, 우리가 변화와 성장을 시도할 때 마주하게 되는 심리적 장벽들에 대해 알아보았다. 이러한 주제는 눈에 보이지 않는 영역이기에, 일상에서 쉽게 다뤄지거나 자연스럽게 언급되기는 어렵다. 어떤 사람들은 이러한 통찰을 가까운 지인들에게 조심스럽게 나누기도 하지만, 때로는 "너나 잘해"라는 반응이 돌아와 상처를 입기도 한다. 다 큰 성인이 타인의 조언을 받아들이는 것은 그만큼 어렵다. 나이가 들수록 우리는 저마다의 세계와 관점을 형성하게 되며, 익숙한 사고방식을 고수하려는 경향이 강해지기 때문이다. 마찬가지로, 진심 어린 조언을 건네려는 사람도 드물다. 결국 누군가의 삶을 바꿀 수 있는 중요한 기회는 그렇게 사라지고 만다.

'마인드'와 같이 눈에 보이지 않는 요소들은 종종 가볍게 여겨지기 쉽지만, 실상은 삶의 방향을 근본적으로 바꾸는 데 핵심적인 역할을 한다. 그렇다면 삶에서 마인드만큼 중요하면서도 역시 눈에 보이지 않는 또 다른 요소는 무엇일까? 그것은 바로 '시간'과 '에너지'다.

우리는 시계를 통해 하루의 흐름을 파악하고, 주어진 시간 안에 얼마나 많은 일을 해냈는가로 성과를 측정한다. 수능을 준비하는 수험생이든, 조직에서 일하는 직장인이든, 사업을 운영하는 오너이든 마찬가지다. 누구나 '짧은 시간에 높은 성과'를 내는 것을 이상적인 목표로 삼는다.

일부 자기계발서에서는 성과지향적 삶을 경계하라고 말한다. 성취의 양이 인생의 가치를 대변하지 않는다고 주장하기도 한다. 하지만 나는 조금 다른 관점을 가지고 있다. 우리는 자본주의 사회에 살고 있으며, 특히 이윤을 추구하는 조직 안에서는 시간 대비 퍼포먼스가 곧 개인의 역량으로 평가된다. 더 나아가 개인의 삶에서도 단시간에 더 많은 것을 성취할 수 있다면, 그만큼 인생을 빠르게 원하는 방향으로 이끌 수 있다. 그렇다면 어떻게 해야 시간당 퍼포먼스를 극대화할 수 있을까?

시간의 한정성을 인식하라

우리는 단기간에 올바른 방향으로 집중할 필요가 있다. 누구에게나 공평하게 하루 24시간이 주어진다. 이 시간을 어떻게 쓰느냐에 따라 인생은 생각보다 빠르게 변화할 수 있다. 그러나 시간은 눈에 보이지 않는다. 소리 없이 지나가면서 때로는 빠르게, 때로는 무기력하게 흘러간다. 만약 당신에게 남은 시간이 단 1년뿐이라면 어떨까? 지금처럼 무심하게 흘려보낼 수는 없을 것이다. '시간이 충분하다'는 환상에서 벗어나야 한다. 지금 이 순간이 인생을 바꿀 수 있는 유일한 기회일지 모른다. 이것은 마음가짐의 문제다.

그렇다면 어떻게 해야 잘못된 방향으로 흐르고 있는 당신의 인생 시계를 다시 맞출 수 있을까?

당신은 시간을 어떻게 사용하고 있는가?

 가장 먼저 해야 할 일은 당신이 하루를 어떻게 사용하고 있는지 점검하는 것이다. 우리가 원하는 결과를 얻기 위해서는, 그 결과를 만들어내는 구체적인 행동이 반드시 필요하다. 그렇다면 지금 당신이 하고 있는 일들이 과연 당신이 꿈꾸는 미래에 가까워지도록 돕고 있는지 잠시 멈추어 생각해 보자. 내가 원하는 미래는 어떤 모습인가? 그리고 그 미래를 실현하기 위해 지금 당장 내가 해야 할 일은 무엇인가?
 많은 사람들이 이 질문 앞에서 고개를 젓는다. 대부분의 시간은 좋아하는 일, 당장 하고 싶은 일, 마땅히 해야 한다고 믿는 일, 혹은 어쩔 수 없이 해야만 하는 일들로 채워져 있다. 여기에 더해 우리는 인플루언서의 추천 콘텐츠, 맛집 탐방, 쇼핑, SNS 활동 등 내가 바라는 삶과는 크게 관련 없는 일들에도 적지 않은 시간을 소비한다. 그러고는 '언젠가는 원하는 삶에 닿을 것'이라는 막연한 기대를 품은 채 시간을 흘려보낸다.
 지금 우리가 반드시 해야 할 일은, 내가 사용하는 시간의 실체를 있는 그대로 직시하는 일이다. 당신의 행동은 결국 결과로 되돌아온다. 만약 1년 안에 인생을 바꾸고 싶다면, 이렇게 자신의 시간 사용을 체크하는 점검 활동을 결코 건너뛰어서는 안 된다.

시간은 모든 이에게 공평하게 주어진 자원이자, 동시에 불공평한 결과를 낳는 자원이기도 하다. 공평한 이유는 누구에게나 동일하게 하루 24시간이 주어지기 때문이며, 불공평한 이유는 그것을 어떻게 쓰느냐에 따라 삶의 격차가 극명하게 벌어지기 때문이다. 이는 복리 효과와도 같다. 매일 조금씩, 그러나 올바른 방향으로 시간을 투자한다면 그 결과는 천천히 쌓이는 듯하다가 어느 순간 놀랄 만큼 거대하게 다가올 것이다.

통계에 따르면, 평균적으로 사람은 하루 약 3시간을 스마트폰과 소셜 미디어에 소비한다. 일주일이면 21시간, 한 달이면 약 90시간, 1년이면 무려 1,095시간이다. 이는 약 45일에 해당하는 시간이다. 만약 이 시간의 절반만이라도 자신의 목표를 향한 행동에 투자한다면 1년 후의 삶은 지금과 완전히 달라져 있을 것이다.

시간 관리는 단순히 더 바쁘게 살기 위한 것이 아니다. '가치 있는 활동'에 집중하기 위한 것이다. 이를 위해 가장 먼저 해야 할 일은 당신의 시간을 정확히 추적하는 것이다. 심리학자들에 따르면, 사람들은 자신의 시간 사용을 왜곡해서 인식하는 경향이 있다고 한다. 생산적인 시간은 과대평가하고, 비생산적인 시간은 과소평가하는 것이다.

이러한 착시에서 벗어나기 위해, 최소 일주일간 30분 또는 1시간 단위로 자신의 활동을 기록해 보자. 이 기록은 당신에게 세 가지 중요한 통찰을 줄 것이다. 첫째, 생각보다 많은 시간이 무의식적으로 낭비되고 있다는 사실을 알게 될 것이다. 둘째, 의도치 않게 시간을 갉아먹는 '시간 블랙홀'의 존재를 발견하게 될 것이다. 셋째, 당신의 에너지와 집중력이 가장 높은 시간대를 발견하게 될 것이다.

이제 당신에게 주어진 시간은 '리미티드 에디션'이라는 점을 기억하자. 그 무엇보다 소중한 이 자원을 어떻게 사용할 것인가는 전적으로 당신의 선택에 달려 있다.

질문 1. 당신은 하루 24시간을 어떻게 보내고 있는가?

5:00~6:00		9:00~10:00	
6:00~7:00		10:00~11:00	
7:00~8:00		11:00~12:00	
8:00~9:00		12:00~13:00	

13:00~14:00		21:00~22:00	
14:00~15:00		22:00~23:00	
15:00~16:00		23:00~24:00	
16:00~17:00		24:00~1:00	
17:00~18:00		1:00~2:00	
18:00~19:00		2:00~3:00	
19:00~20:00		3:00~4:00	
20:00~21:00		4:00~5:00	

각 칸에 현재 24시간을 어떻게 보내고 있는지 솔직하게 작성해 보자. (자가 진단용이니 최대한 솔직하게 작성하라.)

질문 2. 최근 무엇을 새롭게 시작했고, 무엇을 그만두었으며, 지금 가장 집중하고 있는 것은 무엇인가?

_____

_____

_____

_____

깊게 고민해서 적을 필요는 없다. 반드시 키워드나 짧은 문장으로 기술하지 않아도 된다. 생각이 잘 나지 않는다면 길게 풀어서 자기 자신과 대화하듯 작성해도 좋다.

예1) 패션 감각을 기르기 위해 패션 유튜브 채널 정주행
예2) "넌 요즘 뭐하고 지내니?", "잘 생각이 나지 않는데 00했던 것 같기도 하고, 맞다 요즘 옷을 잘 입고 싶어서 패션 유튜브 채널을 구독하고 정주행하고 있었지!"

시간을 현명하게 사용하는 일은 단순히 생산성을 높이기 위한 문제가 아니다. 그것은 삶의 질을 좌우하고, 당신이 원하는 목표에 얼마나 가까워질 수 있는지를 결정지을 중요한 선택이다. 지금 이 순간, 자신이 어떻게 시간을 사용하고 있는지를 돌아보고 필요한 변화를 만들어가는 것, 그 작지만 의미 있는 시작이 1년 안에 인생을 바꾸는 첫걸음이 될 수 있다. 시간은 결코 되돌릴 수 없다. 오늘, 당신은 주어진 하루를 어떻게 쓸 것인가?

당신의 인생을 움직이는 7가지 요소

당신의 삶은 완벽한가? 아마도 그렇지 않을 것이다. 사실 대부분의 사람들에게 '완벽한 삶'은 존재하지 않는다. 누구나 크고 작은 결핍을 안고 살아가며, 그 결핍을 채우기 위한 욕구와 욕망이 삶을 움직이는 원동력이 되기도 한다. 겉보기에는 모든 것을 다 가진 듯한 사람조차도 자기만의 고민을 품고 있다. 이 사실을 받아들일 수 있다면, 이제는 시선을 외부가 아닌 '자신'에게 돌릴 차례다.

이제 '삶의 7가지 영역'을 살펴보자. 이 7가지 영역들은 서로 유기적으로 연결되어 있다. 각 영역을 체크하는 일은 삶의 균형과 방향성을 점검하는 데 중요한 기준이 되어줄 것이다.

1. **개인적인 삶**: 취미 활동이나 여가 시간, 워라밸 등 개인의 자유로운 시간이 충분히 확보되고 있는지를 나타내는 영역이다.
2. **재정 상태**: 현재의 재정 상황을 의미한다. 만약 수입에 비해 지출이 많거나, 저축과 자산 형성이 미흡하다면 이 항목의 점수는 낮게 측정될 수 있다.

3. **건강**: 신체적 건강 상태를 나타낸다. 정기 건강검진에서 특별한 이상이 없거나, 스스로 건강하다고 느낀다면 높은 점수를 줄 수 있다.
4. **인간관계**: 가족, 친구, 동료 등 자신을 둘러싼 사람들과의 관계의 질을 의미한다. 관계에서의 만족도와 심리적 안정감을 기준으로 점검해 볼 수 있다.
5. **직업**: 현재 하고 있는 일의 만족도와, 장기적인 커리어 목표에 얼마나 부합하는지를 평가하는 항목이다.
6. **사업**: 자신이 운영하거나 계획 중인 사업의 성장 정도와 만족도를 나타낸다. 직업과는 달리, 주도권과 책임이 모두 본인에게 있는 영역이다.
7. **영적인 삶**: 종교적 신념 또는 정신적 충만함의 정도를 의미한다. 꼭 종교가 아니더라도 삶의 의미나 내면의 평온함에서 오는 만족감을 포함한다.

오른쪽 그림의 각 분야를 현재 만족하는 만큼 채운다는 생각으로 색칠해 보자. 현재 자신의 상태를 측정하는 것이므로 최대한 솔직하게 임해야 한다. 그리고 아래 두 가지 질문에 답해 보자.

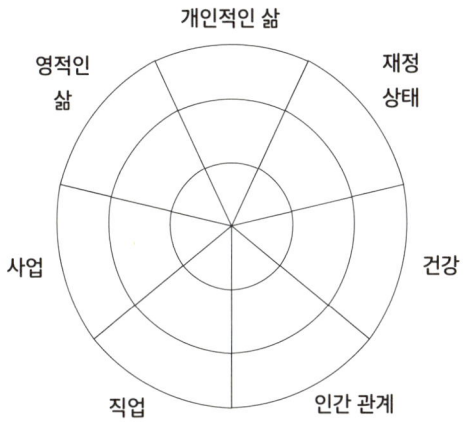

세븐 서클

질문 1. 어떤 분야에 가장 자신 있는가?

당신이 어떤 분야를 가장 많이 칠했는지 묻는 질문이다. 이 질문을 통해 당신이 타고난 영역 또는 지금까지 노력을 기울였던 부분이 무엇인지 즉시 확인할 수 있을 것이다.

질문 2. 어떤 분야에 변화를 주고 싶은가?

당신이 얼마나 많은 칸을 색칠했든지 간에, 이 질문은 그것과는 독립적이다. 즉, 가장 많이 색칠한 부분에 조금 더 집중하여 가득 채우고 싶다면, 그것이 변화를 주고 싶은 분야라고 볼 수 있다. 하지만 가장 적게 색을 칠한 부분에 집중하고 싶다면 그 분야를 적어도 무방하다. 앞으로 당신이 집중하고 싶은 분야에 대한 답을 적어보자.

KEY Question

1. 앞서 세븐 서클에서 가장 높은 점수를 준 분야는 무엇인가? 무엇이 그것을 가능하게 했는가?

위의 세븐 서클 활동에서 가장 높은 점수를 준 분야를 적고, 무엇 때문에 그 점수를 얻게 되었는지도 함께 적어보자. 당신이 그 점수를 얻게 된 이유는 당신의 노력 덕분일 수도 있고, 타고난 능력 덕분일 수도 있다. 만약 당신의 노력 덕분이라면, 그 노력을 하게 된 이유는 무엇일까? 당신의 어떤 배경, 생각이 그 노력을 하게 만들었는가? 꼬리에 꼬리를 물며 질문에 답해 보자.

2. 어느 분야에 가장 낮은 점수를 주었나? 그것이 지금 당신에게 중요한 분야인가?

반면에 가장 낮은 점수를 준 영역이 있을 것이다. 낮은 점수라고 해서 무조건 부정적으로 생각할 필요는 없다. 그 분야가 당신에게 중요하지 않을 수도 있기 때문이다. 중요하지 않기에 노력하지 않은 것이고, 그렇기 때문에 당연히 그 결과가 나온 것이다. 하지만 반대로 정말 중요한 분야라고 생각해서 많은 시간과 정성을 쏟았지만 기대에 미치지 못한 결과가 나왔을 수도 있다. 현재 어떤 상태인가? 그 분야는 당신에게 중요한 분야인가?

3. 그것이 중요한 분야라면, 그 분야의 점수를 높이기 위해 지금 해야 할 '한 가지'는 무엇일까?

위의 질문에서 답한 낮은 점수의 그 분야가 나에게는 중요한 분야라면, 지금의 현실이 만족스럽지 않은 상태일 것이다. 이것을 해결하는 방법은 운이 올 때까지 기다리거나, 운의 확률을 높일 수 있는 행동을 하는 것이다. 그렇다면 그 분야의 점수를 높이기 위해 당신이 해야 할 한 가지는 무엇이라고 생각하는가? 해야 할 일이 많을 수도 있다. 하지만 그중에서도 가장 효과적인 것이 무엇일까를 고민해 보자. 모든 일을 다 할 수 없으니 가장 중요한 한 가지 일을 먼저 생각해야 한다.

이 세븐 서클 활동은 단순한 자기 진단을 넘어, 인생의 균형과 방향성을 점검하고 설계하는 데 실질적인 도움을 준다. 심리학자 마틴 셀리그만Martin Seligman은 자신의 웰빙 이론PERMA에서, 진정한 행복이 '긍정적 감정, 몰입, 관계, 의미, 성취'의 조화에서 비롯된다고 설명한 바 있다. 이는 삶의 7가지 영역이 서로 긴밀하게 연결되어 있음을 시사한다.

이 활동의 핵심은 남과의 '비교'가 아니라, 자신의 삶을 있는 그대로 바라보는 '인식'에 있다. 심리학자 다니엘 골먼 Daniel Goleman은 자기 인식self-awareness을 감정 지능의 핵심 요소로 꼽는다. 이는 자신의 감정, 강점과 약점, 가치관 등을 명확히 이해하는 능력으로, 더 나은 선택을 가능하게 하고 스트레스 관리에도 효과적이다. 또한 하버드 비즈니스 스쿨의 클레이튼 크리스텐슨Clayton Christensen 교수는 많은 사람들이 직업적 성공에만 몰두한 나머지, 정작 가족, 건강, 인간관계 같은 삶의 중요한 영역을 놓치고 결국 깊은 후회를 남긴다고 지적했다. 그렇기에 '균형 잡힌 삶'을 주기적으로 점검하고 설계하는 일은 선택이 아니라 필수에 가깝다.

행동경제학 연구에 따르면, 사람들은 선택지가 지나치게 많을 때 오히려 결정을 내리지 못하고 '선택의 역설'에 빠지기 쉽다고 한다. 이 활동은 바로 그 점을 보완하고자, 삶의 여러 영역 가운데 지금 가장 중요하다고 느끼는 '한 가지'에 집중하도록 안내하기 위한 것이다. 이 활동을 분기별(예: 3개월 단위)로 반복한다면, 시간에 따른 자신의 변화를 객관적으로 확인하고 방향성을 유연하게 조정할 수 있을 것이다.

진정한 성공은 남들과의 비교나 사회적 기준에 의존하지 않는다. 그것은 자신의 가치관과 우선순위를 바탕으로 삶을 설계하고, 주어진 가능성을 온전히 발휘하는 데서 비롯된다. 주기적으로 이 활동을 통해 삶을 진단하면서 당신만의 성공과 행복의 의미를 찾아가길 바란다.

큰 방향성을 설정하라

우리는 대한민국에서 태어나, '내가 무엇을 중요하게 생각하는지', '무엇을 진심으로 원하고 있는지'를 깊이 들여다볼 시간을 갖기 어려운 환경 속에서 자라왔다. 엄밀히 말하면, 그런 여유를 허락받기조차 쉽지 않았다. 그 가장 큰 이유 중 하나는 바로 '과도한 학구열'이다. 한국은 전 세계적으로 사교육비 지출이 가장 높은 나라 중 하나다. 이는 곧 '남들이 하는 건 나도 해야 한다'는 강박과, '뒤처지면 안 된다'는 불안 속에서 많은 청소년과 청년들이 살아간다는 뜻이기도 하다.

나 또한 마찬가지였다. 좋은 대학에 가지 못하면 인생이 무너지는 줄 알았고, 대기업에 입사하지 못하면 실패한 인생처럼 느껴졌다. 이러한 압박 속에서 수많은 청년들이 자존감을 잃고, 정작 자신이 어떤 삶을 살고 싶은지에 대한 고민은 뒤로 미룬다. 실제로 OECD 통계에 따르면, 한국 청소년의 학업 스트레스는 회원국 중 최고 수준이며, 중고등학생은 하루 평균 16시간 이상을 학업에 투자한다. 이는 인생의 방향이 형성되는 청소년기에, 자신만의 욕구와 관심사를 탐색할 기회를 빼앗긴다는 뜻이다.

우리는 왜 이렇게 고통스러운 '마음의 감옥'을 스스로 만들어내는 걸까? 그 이유는 비교하는 문화, 그리고 눈치를 보는 문화 때문이다. 우리는 늘 다른 사람과 자신을 견주며 살아간다. 나는 옆집 사람보다 조금 더 잘살고 싶어 하고, 그 사람은 또 나보다 조금 더 나은 삶을 원한다. 그렇게 서로를 비교하며 끝없는 경쟁에 빠져든다.

또 하나의 요인은 '눈치'다. 한국 사회는 동양적 집단주의 문화를 바탕으로, 분위기를 빠르게 읽고 눈에 보이지 않는 기류에 민감하게 반응하는 능력을 요구한다. 이는 '공감력'과는 다른, 생존을 위한 사회적 감각이다. 눈치가 없으면 왕따를 당하고, 튀는 행동은 비난받기 쉽다. 결국 우리는 자신의 삶보다 타인의 평가를 통해 나의 위치를 확인하며 살아간다. 그 결과는 무엇일까? 자살률 1위라는 슬픈 통계가 현실을 말해주고 있다.

행복하지도 않은 결과를 위해, 끝없는 경쟁에 매몰되어 살아가는 것, 이 고통의 고리를 끊기 위해서는 단 하나, 당신만의 인생의 항로를 구축하는 것이 필요하다. 무엇이 나를 행복하게 하는지, 어떤 삶이 진짜 내가 원하는 삶인지, 진심으로 갈망하는 방향은 어디인지, 이제는 그 질문에 답해야 할 때다.

진정한 길을 찾은 사람들의 공통점은 외부의 기준이 아니라, 자신의 내면의 소리에 귀 기울였다는 점이다. 실제 연구에 따르면, 사회적 기준이 아닌 자신이 정의한 성공을 좇는 이들이 그렇지 않은 이들보다 더 높은 만족감과 성취를 경험한다고 한다. 물론, 대한민국에서 '자기만의 길'을 간다는 건 수많은 잔소리를 견뎌야 한다는 뜻이기도 하다. 그런 압박 속에서 당신은 또다시 행복을 포기해야 할지 모른다. 하지만 그 순간을 넘기지 못하면, 결국 타인의 기준에 끌려가는 삶을 살게 된다. 그건 당신의 인생이 아니다.

이 책은 1년 안에 원하는 삶을 실현하는 것을 목표로 한다. 그러나 그 과정에서 가장 강조하고 싶은 것은 바로 행복을 유예하지 말라는 것이다. 행복은 결과가 아닌, 과정 속에 있다. 우리가 자주 착각하는 것은 '성공하면 행복해질 것'이라는 믿음이다. 그러나 오히려 그 반대다. 행복해야 지속할 수 있고, 지속해야 성공할 수 있다.

어떤 사람도 하기 싫은 일을 1년 동안 억지로 이어가기는 어려울 것이다. 심리학자 미하이 칙센트미하이Mihaly Csikszentmihalyi의 연구에 따르면, 인간은 몰입Flow 상태에 있을 때 가장 높은 성과와 만족감을 경험한다고 한다. 몰입은 그것에 완전히 빠져들어 즐기는 상태를 말한다. 즉, 그 과정을 즐길 수 있을 때, 우리는 비로소 성공에 가까워진다.

즐겨야, 성공할 수 있다.
과정이 행복해야 결과도 행복하다.

조금 길게 돌아왔지만, 이 모든 이야기는 결국 '방향성'의 중요성으로 이어진다. 이제 그 방향을 나의 욕구에 기반해 구체화할 시간이다.

자신의 욕망을 정의하라

매슬로우 Abraham Maslow 의 '5단계 욕구 이론'을 들어본 적이 있을 것이다. 현재는 7단계까지 확대되었다고 하지만, 우리가 확인하고 싶은 것은 5단계로도 충분하다. 5단계는 다음과 같다.

1단계 | 생리적 욕구 Physiological Needs

인간이 살아가는 데 가장 기본이 되는 조건들을 충족하고자 하는, 본능에 가까운 욕구다. 음식, 물, 수면, 공기처럼 생명을 유지하기 위해 반드시 필요한 요소들이 여기에 포함된다. 아무리 크고 멋진 목표를 세운다 해도, 이 기본적인 욕구가 충족되지 않으면 몸과 마음이 무너지기 마련이다. 결국 어떤 성공이든 이 기초 위에서 출발해야 한다.

이 욕구는 단순히 참고 넘길 수 있는 선택 사항이 아니다. 반드시 채워야 하는 필수 조건이다. 특히 현대 사회에서 기초적 욕구란 단순히 '배고픔을 해결하는 것'만을 의미하지 않는다. 건강한 식습관, 충분한 수면, 규칙적인 운동처럼 전반적인 신체 관리까지 포함된다. 몸이 지치고 무너지면 어떤 목표도 제대로 이룰 수 없다. 그래서 이 1단계의 충족은 선택이 아니라 필수다.

2단계 | 안전 욕구 Safety Needs

두 번째는 안전에 대한 욕구다. 불안정한 환경 속에서 자신을 지키고 일상을 유지하려는 본능적인 바람이다. 안전한 거주지, 꾸준한 수입, 건강 관리, 마음을 터놓을 수 있는 사람의 유무 등 신체적, 정서적, 경제적 안전이 모두 포함된다. 이 욕구가 어느 정도 충족되어야 사람은 비로소 두려움에서 벗어나 더 높은 단계로 나아갈 수 있다. 그러니 이 역시 중요한 우선순위라고 할 수 있다. 특히 프리랜서, 자영업자처럼 예측하기 어려운 삶을 살아가는 사람이라면, 자기만의 '안전 기반'을 만들어두는 것이 필수적이다. 안전감은 우리에게 도전할 수 있는 용기를 준다.

3단계 | 애정·소속 욕구 Belongingness and Love Needs

세 번째 단계의 욕구는 관계에 관한 것이다. 인간은 본능적으로 누군가와 연결되고 싶어 한다. 가족, 친구, 연인, 동료와의 관계 속에서 소속감을 느끼고, 정서적 안정과 지지를 얻는다. 관계가 불안정하거나 고립되어 있다면 목표가 있어도 마음이 쉽게 흔들리기 마련이다.

요즘에는 깔끔한 '손절'이나 '혼자만의 삶'이 미덕처럼 이야기되곤 하지만, 관계는 좋을수록 좋은 것이다. 물론 반복해서 상처를 주는 관계라면 정리하는 게 맞다. 그러나 누군가와 함께 웃고 의지하고, 인정받고 신뢰받는 경험은 인생을 더 건강하게 만들어준다. 다음 단계로 가기 위한 디딤돌이 되어주는 감정적 기반이 바로 이 단계다.

4단계 | 존중 욕구 Esteem Needs

이 단계에서는 '나는 가치 있는 사람이다'라는 확신이 중요해진다. 자존감, 성취감, 사회적 인정과 같은 욕구가 여기에 해당한다. 학창 시절을 떠올려보면 이해가 쉬울 것이다. 왜 인기 있는 친구들이 반장에 자주 뽑히는가? 이미 사람들과 좋은 관계를 맺으며 사회적 욕구를 충족했고, 이제는 자신이 인정받고 싶다는 욕구가 올라온 상태이기 때문이다.

사회에 나와서도 마찬가지다. 어떤 조직의 리더나 영향력 있는 인물을 떠올려보면, 이들은 대부분 자신을 증명하고 싶어 하는 강한 욕구를 가지고 있다. 문제는, 이 욕구가 외부의 인정에만 기대게 되면 쉽게 흔들린다는 점이다. 반대로 내 안에서 자연스럽게 올라오는 자부심과 자기 확신은 어떤 상황에서도 꺼지지 않는다.

진정 존경받는 삶은 타인이 만들어주는 것이 아니다. 내가 나를 인정할 수 있어야 비로소 타인의 인정도 의미를 가질 것이다.

5단계 | 자아실현 욕구 Self-Actualization Needs

마지막 단계는 자아실현이다. 더 이상 남들이 정해놓은 기준에 얽매이지 않고, 스스로의 가능성을 최대한 펼쳐 나가고자 하는 욕구다. 여기서 중요한 건 '내가 진짜 원하는 삶을 살고 있는가'에 대한 답변이다.

자아실현에 도달한 사람들은 현실을 명확히 인식하고, 창의적으로 사고하며, 끊임없이 자신을 성장시킨다. 이들은 사회적 틀 안에서만 움직이지 않고, 자신만의 기준으로 삶을 정의하고 살아간다. 단순한 성공이나 명예를 넘어서, 삶의 의미 자체를 스스로 만들어간다.

이 책이 추구하고자 하는 것이 바로 이 단계까지 논스톱으로 올라가는 것이다. 당신이 지금 1단계 욕구에 머물러 있든 2단계에 머물러 있든 상관없다. 우리는 함께 각 단계를 차근차근 충족해가며, 마침내 이 꼭대기 단계에 도달하는 로드맵을 함께 만들어 나갈 것이다. 삶의 방향을 세우고, 경제적 자유를 얻고, 그 안에서 진정한 행복까지 경험할 수 있도록 하는 것이 바로 이 책의 궁극적인 목표다.

이제 자신에게 질문해 보자. 나는 지금 어느 단계에 머물러 있는가? 어떤 욕구부터 충족해야 다음 단계로 나아갈 수 있을까? 그 답을 찾았다면 다음 이야기로 넘어갈 준비가 된 것이다.

제한 없는 삶을 상상해 보라

초능력자라는 단어를 들으면 어떤 이미지가 떠오르는가? 마블 영화 속 강력한 영웅들이나 하늘을 나는 슈퍼맨이 떠오를 수도 있을 것이다. 그들은 현실에서는 절대 실현될 수 없는 능력을 가지고 있다. 하지만 왜 현실에서는 그런 초능력이 존재하지 않을까? 그것은 바로 우리가 제약이라는 틀 속에서 살아가고 있기 때문이다.

이 제약은 여러 형태로 존재한다. 경제적인 한계, 사회적인 시선, 신체적 조건, 환경적인 요인 등이 있을 수 있다. 하지만 가장 큰 제약은 스스로 만든 한계다. 대부분의 사람들은 다음과 같은 말을 자주 한다.

"나는 돈이 없어서 안 돼"
"내 환경에서는 절대 불가능해"
"그건 성공한 사람들에게나 가능한 일이야"

하지만 정말 그럴까? 우리가 스스로 만들어놓은 이 '현실'이 진짜 현실일까? 사실 우리가 당연하게 받아들이는 현실은, 우리가 설정한 틀 안에서만 존재하는 것이다. '내 한계는 여기까지'라고 스스로 선을 긋고, 그 너머를 보려 하지 않는다면, 변화는 결코 일어나지 않는다. 하지만 세상 어딘가에서는 이 순간에도 누군가 우리가 불가능하다고 생각하는 일을 현실로 만들며 살아가고 있다.

성장 마인드셋Growth Mindset을 연구한 심리학자 캐럴 드웩Carol Dweck은, 우리의 능력은 고정된 것이 아니라 지속적인 노력과 도전을 통해 발전할 수 있다고 주장한다. 자신의 능력에 한계를 설정하는 사람들은 실패를 두려워하고 새로운 도전을 회피하는 경향이 있지만, 성장 가능성을 믿는 사람들은 어려움을 성장의 기회로 여기며 지속적으로 발전해 나간다.

나의 고등학생 시절의 이야기를 잠시 들려주고자 한다. 나는 그때부터 내 자신이 특별한 사람이라고 믿으며 살았다. 무엇이든 할 수 있고, 내가 꿈꾸는 어떤 삶이든 현실로 만들 수 있다고 확신했다. 물론 그 믿음이 곧바로 현실을 바꿔주지는 않았다. 하지만 미래의 나는 어떤 방식으로든 영향력 있는 사람이 될 것이라는 확고한 믿음을 가지고 있었다. 누군가는 이를 '근자감(근거 없는 자신감)'이라고 말할지도 모른다. 그러나 나는 이 감정이 단순한 '자만'이 아니라, 자존감에서 비롯된 '내적 에너지'라고 생각한다. 실제로 그 믿음 덕분에 여러 가지 도전을 시도할 수 있었고, 실패하더라도 주저하지 않고 앞으로 나아갈 수 있었다.

어느 날, 내 자신감 넘치는 태도나 말투가 마음에 들지 않았던 모양인지 한 친구가 내게 이렇게 말했다. "지가 뭐라도 되는 줄 아나 봐!" 그 친구는 주변 사람들 앞에서 나를 비아냥댔다. 순간 당황스러웠지만, 동시에 확신이 들었다.

'그래, 나는 특별해. 네가 지금 나를 어떻게 보든 상관없어. 시간이 흐르면, 우리가 얼마나 달라졌는지 보게 될 거야.'

그 친구는 아마 자신을 평범한 사람이라고 믿고 있었을 것이다. 그리고 자신을 평범하다고 정의하는 사람은 대체로 특별한 도전 없이 평범하게 산다. 나는 그 친구가 언젠가는 자기 자신을 특별한 존재라고 믿게 되길 바란다. 나는 이러한 경험을 통해 분명히 깨달은 것이 있다. 스스로를 어떻게 정의하느냐에 따라, 인생은 전혀 다른 방향으로 흘러간다는 것이다.

'자기 이미지self-image'의 중요성은 심리학에서도 널리 입증되어 왔다. 우리는 자신을 어떻게 바라보느냐에 따라 행동이 달라지고, 선택이 달라지며, 궁극적으로 삶 전체가 달라진다. 긍정적인 자기 이미지를 가진 사람은 더 높은 목표를 설정하고, 더 많은 도전을 감수하며, 실패 이후에도 더 빠르게 회복한다는 연구 결과들이 이를 뒷받침한다.

내가 만약 '나는 평범한 사람이다'라고 스스로를 정의하며 살아왔다면 지금처럼 살고 있지 못할 것이다. 아마존 사업으로 미국 시장에 뛰어드는 도전을 하지 않았을 것이고, 유튜브도 시작하지 못했을 것이다. 유튜브가 운 좋게 잘되었다 해도《원씽》이라는 책을 읽고 오프라인 워크숍을 개최할 생각도 못했을 것이며, 온라인 사업도 시작하지 않았을 것이다. 나는 지금도 스스로를 특별한 사람이라고 생각한다. 무엇이든 해낼 수 있다고 확신한다. 그리고 이 책을 읽고 있는 당신 역시 결코 평범하지 않은, 성공할 자격이 있는 비범한 사람이라고 믿는다.

누구나 자기만의 무기를 가지고 있다. 그리고 그 무기를 잘 다듬고 활용한다면 강력한 도구가 될 수 있다. 그 시작은 스스로 만든 제약을 걷어내는 데 있다. 그리고 그 제약을 허무는 가장 효과적인 방법 중 하나가 바로 '셀프 토크'다. 셀프 토크란, 말 그대로 자기 자신에게 건네는 말, 즉 마음속에서 자신과 나누는 대화다. 우리가 스스로에게 어떤 말을 하느냐에 따라 생각과 감정, 행동이 달라진다.

효과적인 셀프 토크의 중요성은 아무리 강조해도 지나치지 않다. 우리가 자신에게 어떤 말을 반복하느냐는 뇌가 현실을 인식하고 해석하는 방식에 직접적인 영향을 미친다. "나는 할 수 없어"라는 말은 실제로 뇌 안에 심리적 장벽을 만들고, "나는 할 수 있어"라는 말은 가능성의 문을 연다. 이것은 단순한 긍정적 사고가 아니라 신경 가소성neuroplasticity이라는 뇌과학의 원리와도 맞닿아 있다.

나는 당신이 마음속의 모든 제약을 없애고, 무엇이든 가능한 세상에 살고 있다고 상상하길 바란다. 그리고 그 상상을 현실로 바꿔내길 바란다. 당신이 원하는 삶은 그리 불가능한 것이 아닐지도 모른다. 누군가는 이미 어딘가에서 그 삶을 살고 있기 때문이다.

하지만 그 상상이 벅차고 부담스럽게 느껴진다면 잠시 멈춰도 좋다. 중요한 것은 상상을 현실로 바꿔가는 '과정'에서 느끼게 될 막대한 행복감이기 때문이다. 원하는 미래를 상상할 때 조급함과 불안이 몰려온다면, 조금 더 작게 상상해 보자. 어차피 그 작은 상상이 현실이 되면, 자연스럽게 더 큰 꿈을 꾸게 될 것이다.

이제 다음 장의 워크시트를 통해 상상력을 극대화하는 연습을 시작할 것이다. 동시에 이 질문들은 당신의 상상을 실현 가능한 계획으로 바꾸는 출발점이 되어줄 것이다. 마음에 드는 질문을 골라 따로 노트에 자유롭게 적어보자. 서술형이어도, 키워드로만 써도 상관없다. 중요한 것은 '스스로를 믿는 연습'을 시작하는 것이다.

당신이 초능력자라면?

(아래 질문을 참고하여 원하는 미래를 구체적으로 상상하고 서술해 보자)

당신은 누구와 함께 있나요?	당신은 어떤 분야를 마스터했나요?	당신은 무엇을 중요하게 생각하나요? 더 이상 중요하지 않은 것은 무엇인가요?
당신은 몇 살인가요?	당신은 무엇을 공부하고 있나요?	당신은 어떤 큰 도전을 했나요?
당신의 배우자는 몇 살인가요? (아이, 부모님, 형제자매, 파트너, 반려동물)	당신은 무엇을 가르치고 있나요?	당신은 어디에 살고 있나요?
당신 곁에는 누가 있나요? 그리고 누가 떠났나요?	당신의 일은 누구의 인생을 바꾸고 있나요?	어디로 여행을 가보셨나요? 누구와 함께 갔나요?
더 이상 세상에 없는 사람은 누구인가요?	어떤 과제를 해결하지 못했나요? 어떤 문제를 해결했나요?	자신과 다른 사람들을 위해 어떤 경험을 쌓았나요?
당신은 무엇을 배우고 공부했나요?	어떤 불안감이 있었고, 어떤 불안감이 사라졌나요?	당신의 건강 상태는 어떤가요?
어떻게 자랐나요?	어떤 고민이 치유되고 해결되었나요? 누구를 용서했나요?	당신의 재산 상태는 어떤가요?
당신은 어떤 삶의 좌우명으로 살아가고 있나요?	당신은 어떤 리더인가요?	당신의 직업은 어떤가요?
삶에 어떤 변화가 있었나요? 그대로 유지하고 있는 것은 무엇인가요?	당신의 재능은 무엇인가요? 당신은 주위에, 혹은 사회에 어떤 영향을 미치고 있나요?	어떤 사업을 시작했나요?

흔들리지 않는 나만의 기준 만들기

앞선 활동에서 우리는 스스로 원하는 인생을 자유롭게 떠올려보았다. 필터 없이, 제약 없이 적어 내려갔기에 그것이 진정 내가 바라는 삶인지 아직 확신이 서지 않을 수도 있다. 많은 사람들이 실제로는 자신이 원하는 삶이 아니라, 사회나 타인이 바라는 삶을 마치 자신의 욕망인 것처럼 착각하며 살아가기 때문이다. 또한 현실적인 조건을 고려하지 않은 상태에서 써 내려간 꿈은, 시간이 흐르면서 간절함이 희미해질 수 있고, 실현 가능성이 낮아 보이는 순간 쉽게 포기하게 되기도 한다. 다시 말해 지속성이 약한 목표는 동기 부여를 오래 끌고 가지 못한다.

이러한 현상은 심리학에서 말하는 '사회적 비교 이론Social Comparison Theory'과도 연결된다. 이 이론은 심리학자 레온 페스팅거Leon Festinger가 1954년에 제안한 개념으로, 사람은 자신을 평가할 기준이 모호할 때 타인과 자신을 비교함으로써 스스로를 판단하려는 경향이 있다는 내용을 담고 있다. 쉽게 말해, 우리는 '나는 잘하고 있는 걸까?', '지금 내 삶은 괜찮은 걸까?'라는 질문에 답하기 위해 타인의 삶, 성취, 조건을 거울삼는다는 것이다.

결국 지속성이 없는 목표는 우리가 끝까지 추구할 수 없는 것이 된다. 아무리 멋진 목표라 하더라도 그것이 오랜 시간 동안 나를 이끌어주지 못한다면 그저 바람으로 끝날 가능성이 높다. 그래서 단순히 '이런 삶이면 좋겠다'는 막연한 생각이 아니라 진짜 원하는 삶을 찾고, 그 삶을 향해 나아가기 위한 계획을 설정해야 하는 것이다.

그렇다면 내가 진심으로 원하는 삶은 무엇일까? 그리고 나는 왜 그 삶을 그렇게 간절히 원하는 것일까? 이 질문에 대한 답을 찾지 못하면, 우리는 방향을 잃고 쉽게 흔들릴 수밖에 없다. 자신이 진짜 원하는 것이 무엇인지 알지 못한 채 살아가다 보면, 눈앞에 나타나는 '좋아 보이는 기회'에 끌려다니기 쉽다. 그러는 사이 점점 더 '내가 진짜 원하는 삶'과는 멀어지게 된다.

핵심 가치가 없던 7년의 방황과 결과

나는 지난 7년 동안 무려 8개의 직업을 전전하며 방황했다. 왜 그렇게 끊임없이 떠돌아야 했을까? 그 이유는 단순하다. 핵심 가치 없이, 그저 좋아 보이는 기회들을 무작정 선택하며 살아왔기 때문이다. 어느 순간 좋은 조건의 일이 보이면 그것이 나에게 맞는 일인지 깊이 고민해 보지 않고 선택했다. 이 일이 내 가치관과 맞는지, 장기적으로 도움이 되는지 고민하기보다는, '지금 이 선택이 나에게 어떤 이점을 줄까?'라는 즉각적인 이익만 고려하며 움직였던 것이다. 당연히 한 가지 분야를 깊이 있게 파고들 시간이 없었다.

다양한 경험을 하는 것은 좋을 수 있지만, 그러한 선택이 반복되면 어느 하나 제대로 하지 못한다는 결과를 가져온다. 그렇게 7년이 지나고 나서 돌아보니, 나는 서른이 될 때까지 어떤 분야에서도 확실한 입지를 다지지 못한 상태였다. 물론 누군가는 이렇게 말할 수도 있다. "서른이면 아직 젊지 않나요? 충분히 다시 시작할 수 있잖아요" 맞는 말이다. 아직 늦은 나이는 아니니까. 하지만 내가 들인 노력과 시간에 비하면 그 결과는 너무나 미미했다. 내 주변에는 한 가지 분야에서 꾸준히 경험을 쌓아 전문가가 되어가는 사람들이 많았다. 그에 반해 나는 여전히 여러 가지를 시도한다는 핑계로, 방황하고 있었다. 게다가 그 방황의 시간 동안 나는 많은 것을 포기해야 했다. 가족과 보내는 시간, 친구들과의 소중한 추억, 연애와 인간관계 등. 직업을 자주 바꾸면서 경제적으로도 큰 지출이 있었다. 한 가지에 집중하지 않고 여러 가지를 시도하다 보니, 새로운 일을 시작할 때마다 추가적인 비용이 들었다. 그러나 그중에서도 가장 견디기 힘들었던 것은 '신입사원'이라는 꼬리표를 계속해서 달고 다녀야 했다는 점이다. 계속 새로운 분야로 옮겨 가다 보니, 매번 처음부터 배워야 했고, 그만큼 인정받기까지 오랜 시간이 걸렸다. 어느 순간 나보다 나이가 어린 사람이 상사가 되어 있는 것을 보고서야 깨달았다.

> "아, 내가 너무 방황하고 있었구나"
> "나에게 주어진 선택권이 점점 줄어들고 있구나"
> "이제는 경험을 위한 경험이 아니라, 내 미래에 도움이 될 경험에 시간을 쏟아야 할 때구나"

그 순간 나는 내 삶을 다시 돌아보게 되었다. 그리고 하나의 중요한 깨달음을 얻었다. '핵심 가치'가 없다면, 끊임없이 방향을 잃을 수밖에 없다는 사실이다.

이것은 비단 나만의 경험은 아니다. 하버드 경영대학원에서 진행한 연구에 따르면, 자신의 직업적 정체성과 가치관이 명확하지 않은 사람들은 평균적으로 3~5년마다 직업을 바꾸는 경향이 있으며, 그 과정에서 경력 단절이나 재정적 손실을 경험하는 비율도 높다고 한다. 반면에 자신의 핵심 가치와 삶의 방향을 분명히 알고 있는 사람들은 일시적인 어려움에도 흔들림 없이 나아가며, 결과적으로 더 깊이 있고 지속적인 성취를 이루는 경우가 많다. 그러니 무작정 달리기 전에 반드시 자신의 핵심 가치를 정립해야 한다. 나에게 정말로 중요한 것이 무엇인지 알고 있다면 선택의 순간마다 혼란스럽지 않을 것이다. 그것은 앞으로 어떤 일이 벌어지든, 수많은 갈림길 앞에서 내가 어디로 가야 할지 알려주는 내 삶의 나침반이 되어줄 것이기 때문이다.

심리학자 로이스 버비지Royce Burbidge는 핵심 가치를 다음과 같이 정의했다. "핵심 가치는 개인이 삶에서 중요하게 여기는 원칙들이며, 이는 행동과 결정의 기준이 되는 신념 체계다." 이러한 가치는 단순한 일시적 신념이 아니다. 시간과 환경이 바뀌어도 변하지 않는, 나라는 존재의 중심축과 같은 것이다. 그래서 어려운 상황에서도 흔들리지 않고 앞으로 나아갈 수 있는 힘이 된다.

우리는 인생에서 셀 수 없이 많은 선택을 반복하며 살아간다. 그런데 중요한 점은, 이 선택들이 항상 이성적이거나 장기적인 관점에서 이루어지는 것은 아니라는 것이다. 현실의 문제는 늘 급박하고, 순간의 압박은 큰 방향을 흐리게 만든다. 당장 눈앞에 닥친 문제를 해결하다 보면, 어느 순간 우리는 원하던 인생의 방향과는 전혀 다른 곳으로 떠밀려가고 있음을 깨닫게 된다.

심리학에서는 이러한 현상을 '결정 피로 decision fatigue'라고 부른다. 하루에도 수백 번씩 크고 작은 결정을 내려야 하는 일상 속에서 우리의 의지력은 점차 소모된다. 그 결과, 우리는 더 이상 중요한 결정을 내릴 힘이 남지 않게 되고, 결국 쉬운 선택, 익숙한 반응, 즉각적인 만족을 좇는 방향으로 흘러가게 된다. 여기서 핵심 가치의 힘이 발휘된다. 핵심 가치는 매번 고민하지 않아도 되는 삶의 기준을 제공한다. 무엇이 옳은가를 매번 판단할 필요 없이, 이미 내 안에 세워진 기준에 따라 선택할 수 있도록 도와준다. 그래서 결정 피로를 줄이고, 더 본질적이고 중요한 판단에 집중할 수 있게 해준다.

지금 이 순간 우리는 단지 '이런 삶이면 좋겠다'는 막연한 바람에서 벗어나, 내가 진심으로 원하는 삶은 어떤 모습인지, 그리고 왜 그 삶을 간절히 원하는지를 명확히 알아야 한다. 이것이 진짜 인생의 방향을 세우는 출발점이다. 이 질문에 답하지 못하면, 우리는 주변 환경에 따라 흔들리고, 순간의 기회에 휘둘리며, 결국 내가 원하는 삶과는 점점 멀어지게 될 것이다.

이제 당신만의 핵심 가치를 설정할 시간이다. 다음의 활동을 통해, 삶의 기준이 되어줄 당신만의 원칙들을 찾아보자.

핵심 가치				
풍요	기여	성장	변화 만들기	평온
수락	협력	조화	장인정신	서비스
책임	용기	건강	자연	심플함
성취	창의성	가정	개방성	정신적인, 영적인
적응	호기심	솔직함	낙천주의	스포츠맨십
모험	헌신	희망	정돈	안정성
지지, 옹호	위엄	겸손	독창성	신분
이타주의	근면, 끈기	유머	육아	책무
야망	다양성	영향력	인내	구조
진정성	동기 부여	포용, 융화	애국심	성공
균형	효율성	자립, 독립	평화	팀워크
아름다움	환경	개성	끈기	절약
최고가 되는 것	평등	진취성, 결단력	자기만족	시간

소속감	윤리	혁신	장난기	전통성
용기	우수함	진실성	힘	투명성
직업, 커리어	공정성	지성, 지능	자부심	여행
배려	믿음	직감	인식	신뢰
도전	가족	직업의 안정성	신뢰성	진실
협동, 협업	경제적 안정	즐거움	지략이 풍부함	이해
편안함	용서	정의	존중, 경의	유니크함
약속, 헌신, 전념	자유	친절	책임감	단일성
공동체	우정	지식	위험 감수하기	유용성
동정심	재미	리더십	안전	비전
능숙함	미래 세대	학습	보안	취약성
경쟁	너그러움	유산 남기기	자기 절제	부
자신감	은혜 갚기	레저	자기표현	웰빙
연결	감사하는 마음	사랑	자립	성의
만족	충성도	자존심	지혜	

질문 1. 당신에게 가장 중요한 핵심 가치 3개를 선택해 보자

(적합한 가치가 없다면 직접 추가해도 좋다. 가장 중요한 순서대로 세 가지를 정렬해 보자.)

질문 2. 핵심 가치로 이 3가지를 선택한 이유를 각각 적어보자

- 핵심 가치 Top 1:
- 선택 이유:

- 핵심 가치 Top 2:
- 선택 이유:

- 핵심 가치 Top 3:
- 선택 이유:

삶의 목적의식을 가져라

앞서 우리는 핵심 가치를 정의하며, 인생에서 가장 중요하게 여기는 것의 기준을 세웠다. 하지만 그것만으로는 충분하지 않다. 여기에 반드시 '목적의식'이 더해져야 한다.

핵심 가치가 우리의 선택과 행동을 결정짓는 뿌리라면, 목적의식은 그 뿌리 위에 세워진 삶의 이유, 곧 '왜 살아가는가'에 대한 답이다. 이 둘은 별개의 개념처럼 보일 수 있지만, 사실은 긴밀하게 연결되어 있다. 핵심 가치가 명확해야, 그 가치를 바탕으로 어떤 방향으로 삶을 살아갈 것인지, 인생의 궤도가 비로소 잡히기 시작한다. 하지만 단순히 머릿속으로 '이런 삶을 살고 싶다'고 생각하는 것만으로는 부족하다. 방향을 더욱 선명하게 하기 위해서는, 그 삶의 목적을 단 하나의 문장으로 명확히 정의할 수 있어야 한다.

    심리학자 빅터 프랭클Viktor Frankl은 그의 저서《죽음의 수용소에서》에서 삶의 의미를 찾는 것이 인간의 가장 근본적인 동기라고 말했다. 그는 나치 강제수용소에서의 경험을 통해 삶에 목적의식을 가진 사람이 그렇지 않은 사람들보다 생존 가능성이 높다는 사실을 발견했다. 즉 명확한 목적의식은 단순한 방향성을 넘어 삶의 원동력이자 인간을 앞으로 나아가게 하는 가장 강력한 내적 에너지다.

    이제 우리도 그 작업을 해볼 차례다. 지금부터는 당신의 삶의 방향을 단 하나의 문장으로 정리하는 작업에 들어간다. 이 문장은 단순한 목표가 아닌, 왜 살아가는가에 대한 당신만의 선언문이 될 것이다.

목적의식이 중요한 이유

대부분의 사람들은 원하는 것만 있을 뿐, 그것을 이루기 위해 무엇을 해야 할지는 정하지 않고 살아간다. 그래서 많은 꿈과 목표가 끝내 이루어지지 못하는 것이다.

"나는 성공하고 싶어"
"나는 자유롭게 살고 싶어"
"나는 경제적 여유를 갖고 싶어"

이런 말들은 누구나 할 수 있다. 하지만 구체적으로 왜 그런 삶을 원하는지, 그것을 이루기 위해 어떤 방향으로 나아가야 하는지 정하지 않으면 결국 수많은 갈림길에서 어떤 선택을 해야 할지 혼란스러워지고 만다.

목적의식은 단순한 목표와는 다르다. 목표는 달성하면 끝나지만, 목적의식은 평생 추구하는 삶의 방향이다. 예를 들어, '1억 원 모으기'는 목표지만, '경제적 자유를 통해 가족에게 안정된 삶을 제공하기'는 목적의식이 될 수 있다. 목적의식은 우리가 왜 그 목표를 추구하는지에 대한 더 깊은 이유를 제공한다.

여러 경영학 연구들은 명확한 목적의식을 가진 리더가 그렇지 않은 리더보다 팀을 더 효과적으로 이끌고, 더 뛰어난 결과를 만들어낸다고 말한다. 이는 개인의 삶에도 동일하게 적용된다. 목적의식이 분명한 사람은 의사결정 시간이 단축되고, 결정에 대한 후회도 적으며, 장기적으로 더 높은 성취감과 만족감을 경험한다.

그렇다면, 목적의식은 어떻게 찾아야 할까?

목적의식의 본질

미국의 심리학자 조너선 하이트 Jonathan Haidt 는 《행복의 가설 The Happiness Hypothesis》에서 코끼리와 기수의 비유를 통해 우리의 행동 메커니즘을 설명한다. 기수는 코끼리 등에 타고 있는 사람이고, 코끼리는 그가 타고 있는 동물이다. 기수는 이성을, 코끼리는 우리의 욕망과 감정을 의미한다. 처음에는 기수가 코끼리를 조종할 수 있다고 착각한다. "오른쪽으로 가자!" 하면 코끼리가 우회전하고, "왼쪽으로 가자!" 하면 코끼리가 좌회전하는 것처럼 보인다. 하지만 사실 코끼리는 원래부터 우회전하고 싶었고, 좌회전하고 싶었던 것뿐이다. 즉, 우리의 이성(기수)은 욕망(코끼리)을 이길 수 없다는 것이다.

이 비유가 우리에게 주는 메시지는 명확하다. 우리는 하고 싶지 않은 일을 억지로 지속할 수 없는 존재다. 하기 싫은 일을 10년, 20년 동안 꾸준히 할 수 있을까? 불가능하다. 결국, 우리는 자신이 진정으로 원하는 일을 하며 살아갈 수밖에 없는 존재다. 그렇기 때문에 자신이 왜 그 일을 하고 싶은지, 그 일이 자신의 삶에서 어떤 의미를 가지는지 명확히 해야 한다. 그것이 바로 목적의식을 찾는 이유다.

하이트의 이론을 확장해 보면, 성공적인 삶을 위해서는 기수(이성)와 코끼리(감정)가 같은 방향을 바라보도록 조율하는 것이 중요하다. 목적의식이 바로 이 조율의 역할을 한다. 우리가 진정으로 원하는 것(코끼리의 욕구)과 해야 한다고 생각하는 것(기수의 판단)이 일치할 때, 우리는 지속 가능한 동기와 열정을 가지고 살아갈 수 있다.

일상에 이 원리를 적용해 보자. 단순히 '돈을 많이 벌어야 한다'고 생각하는 것(기수의 판단)만으로는 지속적인 동기 부여가 어렵다. 하지만 '사랑하는 가족에게 더 나은 삶을 제공하고 싶다'는 감정적 욕구(코끼리의 방향)와 연결될 때, 우리는 어려움 속에서도 꾸준히 나아갈 수 있는 힘을 얻게 된다.

목적의식을 한 문장으로 정의하라

이제 목적의식을 단순한 생각으로 남겨두는 것이 아니라, 한 문장으로 명확하게 정의하기 위한 준비를 하자. 목적의식이 명확해지면 수많은 갈림길에 섰을 때, "이 선택이 내 삶의 목적과 부합하는가?"라는 질문 하나로 답을 찾을 수 있게 된다. 효과적인 목적의식 문장은 다음과 같은 특징을 가진다.

1. **구체적이면서도 포괄적이다:** 너무 좁으면 제한적이고, 너무 넓으면 무의미하다.
2. **영감을 준다:** 읽을 때마다 동기 부여가 되어야 한다.
3. **진정성이 있다:** 남을 위한 것이 아닌, 진정으로 자신에게 의미 있는 것이어야 한다.
4. **행동 지향적이다:** 단순한 상태가 아닌, 지속적인 행동과 연결되어야 한다.

일론 머스크 Elon Musk는 '인류를 지속 가능하고 다중 행성 거주 종족으로 진화시키는 데 기여하는 것'이라는 목적을 가지고 있다고 한다. 이 문장은 구체적이면서도 포괄적이고, 그의 모든 사업(테슬라, 스페이스X 등)에 일관된 방향성을 제공한다. 당신도 아래 활동지에 담긴 질문에 대한 답을 정리하다 보면, 진정으로 원하는 삶이 더욱 선명해질 것이다.

자, 이제 당신만의 목적의식을 찾아보자. 단순한 목표가 아닌, 삶의 방향을 결정하는 문장을 만들어보는 것이다. 이 한 문장이 당신이 앞으로 어떤 선택을 해야 할지, 어떤 삶을 살아가야 할지를 분명하게 알려줄 것이다.

질문 1. 내가 가장 좋아하고 열정을 느끼는 '활동' 4~5개를 적어보자.

(일, 가족, 취미, 스포츠, 모임 등 어느 분야든 상관없다.)

1. 책이나 해외 강연을 보고 느낀 것을 사람들과 공유하는 것.
2.
3.
4.
5.

질문 2. 내가 가장 갖고 싶은 것이나 성취하고 싶은 것을 4~5개 적어보자.

1.

2.
3.
4.
5.

질문 3. 질문 1과 2에서 우선순위를 고려하여 딱 1가지씩만 선택하고, 다음 질문에 답해 보자.

"다른 모든 것을 더 쉽게 하거나, 불필요하게 만들면서도 인생에서 내가 할 수 있는 가장 의미 있는 단 한 가지는 무엇인가?"

"나의 목적은 _____하며 사는 것이다"

목적의식 한 문장으로 작성하기 Tip

- 1번 질문에서 나온 답 중 우선순위를 고려해 선택한 1가지를 A라고 하자.
- 2번 질문에서 나온 답 중 우선순위를 고려해 선택한 1가지를 B라고 하자.

"나의 목적의식은 A를 하면서 B를 성취하는 것이다."
"나의 목적의식은 B를 성취하고 A를 하며 사는 것이다."
"나의 목적의식은 A를 통해 B를 성취하고 C를 하며 사는 것이다."

예) "나의 목적의식은 내 딸이 인생의 즐거움과 동정심을 발휘하며 살 수 있도록 가르치는 것이다."
예) "나의 목적의식은 작은 사업체를 위한 기술적인 솔루션을 제공하는 회사를 설립하여, 직원들이 비즈니스 리더로 성장할 수 있도록 나의 능력을 제공하는 것이다."

구체적인 성공 지점을 설정하라

앞선 활동을 통해 우리는 자신의 내면을 깊이 탐색하며, 인생에서 가장 중요하게 여기는 핵심 가치를 정의하고, 삶에서 이루고 싶은 것과 좋아하는 활동 등을 정리해 보았다. 이제는 그 기반 위에서 삶의 방향성을 더욱 구체적으로 설정해야 할 시점이다.

사람마다 현재 위치와 지향하는 목적지가 다르다. 그렇기 때문에 자신이 어디에 있는지를 정확히 인식하고, 그에 맞는 현실적인 경로를 설정하는 것이 무엇보다 중요하다. 이는 단지 '계획을 세우는 일'이 아니라, 자신의 자원을 효율적으로 쓰고, 길을 잃지 않기 위한 전략적 판단의 문제다.

우리가 목적지를 설정해야 하는 이유는 명확하다. 목적 없이 떠나는 항해를 떠올려보자. 아무리 최신 장비를 갖추고 뛰어난 선장이 있어도, 방향이 없다면 그 배는 끝없이 바다를 떠돌 뿐이다. 우리의 삶도 마찬가지다. 뚜렷한 목표 없이 흘러가는 시간은 방향성 없는 소비에 불과하다. 시간과 에너지를 제대로 사용하기 위해서는 목표라는 나침반이 반드시 필요하다.

심리학자 에드윈 로크Edwin Locke는 그의 '목표 설정 이론 goal-setting theory'에서 다음과 같은 사실을 밝혔다. 목표가 명확하고 도전적일수록 성과는 더 높아진다. 반면, 모호하거나 지나치게 쉬운 목표를 가진 사람들은 성취 수준이 낮아지는 경향이 있다. 구체적인 목표는 뇌를 자극해 집중력을 끌어올리고, 필요한 자원과 전략을 자발적으로 찾아내게 만든다. 목표 자체가 행동의 동기가 되는 것이다. 하지만 현실에서는 많은 사람들이 이 과정을 건너뛴 채, 온라인에서 본 성공 사례나 자극적인 정보만을 따라 무작정 뛰어들곤 한다. 자신의 현재 상태를 고려하지 않고 남의 성공 모델을 그대로 모방하다 보면, 단계에 맞지 않는 목표를 세우고 무리하게 추진하게 된다. 그 결과 시간과 에너지는 물론 금전적인 자원까지 소진한 뒤 원하는 결과를 얻지 못하고 좌절하게 된다. 이것은 마치 등산 경험이 전혀 없는 사람이 곧장 에베레스트 등반에 도전하는 것과 같다. 등산 장비나 의욕만으로 정상을 밟을 수는 없다. 체력, 기술, 경험 없이 무턱대고 시도하는 것은 오히려 위험할 수 있다. 성공적인 등반을 위해서는 자신의 능력을 정확히 파악하고, 그에 맞는 난이도에서 시작해 점진적으로 단계를 높여가야만 한다. 이것이 목표를 이루는 가장 안전하고 효율적인 방법이다.

　삶도 마찬가지다. 준비되지 않은 상태에서 무리한 도전을 하기보다는 현재 자신의 위치를 객관적으로 진단하고, 거기에서부터 가장 적절한 경로를 찾아가야 한다. 이 과정을 가능하게 해주는 것이 바로 '현실 진단'이다. 자신이 가진 재정 상황, 지식과 기술 수준, 사회적 네트워크, 활용 가능한 시간 자원 등을 냉정하게 살펴야 한다. 정확한 현실 진단 없이 설정한 목표는, 그 자체로 방향을 잃기 쉽다.

　또한 목표를 세울 때는 반드시 구체성이 확보되어야 한다. 예를 들어, '성공하고 싶다', '돈을 많이 벌고 싶다'처럼 추상적인 표현은 정확한 방향성을 줄 수 없다. 대신 '3년 안에 월수입 1,000만 원 달성' 혹은 '1년 내에 프로그래밍 기술을 익혀 프리랜서 개발자로 전환'과 같이 명확하고 측정 가능한 목표를 설정해야 한다. 이렇게 구체화된 목표는 현실 진단과 연결되며, 행동 계획을 수립하는 기반이 된다.

목표가 정해졌다면, 이제 그것을 어떻게 실행할 것인지 단계별 계획을 세워야 한다. 큰 목표를 작게 쪼개고, 각 단계마다 필요한 기술, 지식, 자원을 파악한다. 압도적으로 느껴지는 목표도 이처럼 잘게 나누면 실행 가능한 단위로 바뀌게 된다. 구체적인 목표와 실행 전략이 만나면, 더 이상 꿈은 막연한 바람이 아니라 현실적인 계획이 된다.

당신은 지금 어디에 위치해 있는가?

경제적 측면에 있어서 현재 자신의 위치를 명확하게 파악하는 일도 중요하다. 이제부터 '경제적 자유를 위한 5단계 모델'을 통해, 현재 나의 위치를 정확히 파악하고 목표를 구체화한 뒤, 이를 실행 가능한 단계로 전환하는 방법에 대해 살펴볼 것이다.

그 첫걸음은 '나는 지금 어디에 있는가?'를 명확히 아는 것이다. 지금 내가 경제적으로 어떤 위치에 있으며, 어디에 가장 많은 시간과 에너지를 쓰고 있는지를 점검해야 한다. 이 과정은 꼭 정해진 순서를 따르기보다는, 각자의 상황에 맞게 단계를 점검하고 조정하는 것이 핵심이다. 이후에는 각 단계에 맞는 능력을 갖춘 뒤 다음 단계로 이동하는 것이 좋다. 그것이 가장 안정적이면서도 빠른 성장의 길이다.

1단계 | 무직 - 방향이 없는 상태

경제 활동을 하고 있지 않은 시기로, 좋아하는 것, 잘하는 것, 흥미 있는 것을 탐색해야 하는 단계다. 이 단계에 있는 사람들은 주로 학생, 구직자, 경력 전환을 고민하는 이들이다. 수입은 없거나 아주 적지만, 자신을 탐색하고 다양한 가능성을 실험할 수 있는 시간적 여유가 있다는 장점이 있다. 이 시기에는 자신의 강점을 발견하고, 그것을 시장의 요구와 연결할 수 있는 통찰력을 기르는 것이 중요하다.

2단계 | 직장인 - 고정 급여 생활자

안정적인 수입이 있지만 시간의 자유가 제한되어 있고, 성장의 한계를 느끼기 쉬운 시기다. 이 단계에서는 추가적인 수익 모델을 고민할 필요가 있다. 직장인은 대부분 주 40시간

이상을 회사에 할애하며, 자신의 가치는 정해진 시급이나 연봉으로 환산된다. 가장 큰 한계는 아무리 노력해도 회사가 정한 급여 체계를 쉽게 벗어나기 어렵다는 점이다.

3단계 | 프리랜서/ 자영업자 - 독립적으로 수익을 창출하는 단계

조직이나 회사에 기대지 않고 스스로 수익을 창출하는 시기다. 시간과 장소에 대한 자유는 늘어나지만, 그만큼 수익의 불안정성과 한계도 존재한다. 자신의 전문성을 바탕으로 직접 고객을 상대하고 자신이 제공하는 가치의 가격을 책정할 수 있지만, 여전히 내 시간을 팔아야 하는 구조이기 때문에 수익의 상한선이 존재한다.

4단계 | 사업가 - 시스템과 팀을 활용한 수익 확장 단계

팀을 구축하고 레버리지를 활용해 수익을 확장하는 단계다. 이 시점에서는 사람을 관리하고 조직을 운영하는 역량이 무엇보다 중요하다. 다른 사람들의 시간과 능력을 활용해 스스로 일하지 않아도 수익이 발생하는 구조를 만드는 것이 목표다. 초기에는 바쁘고 일이 복잡할 수 있지만, 시스템이 안정화되면 점차 시간과 에너지의 자유를 얻을 수 있다.

5단계 | 전업 투자자

이 단계에서는 돈이 돈을 벌어들이는 시스템이 완성된다. 시장을 읽는 감각과 투자 상품에 대한 이해가 필수적이며, 경제적 자유를 실질적으로 실현하는 시기다. 자산을 통해 안정적인 현금 흐름을 만드는 것이 핵심이며, 주식, 부동산, 채권, 사업 투자 등 다양한 포트폴리오를 통해 수익원을 다변화하는 전략이 필요하다.

단계를 뛰어넘는 것은 자유지만, 리스크는 급격히 증가한다

많은 사람들이 경제적 자유를 꿈꾼다. 누구나 한 번쯤 '나는 더 빠르게 성공하고 싶다'는 욕망을 품어본 적이 있을 것이다. 하지만 이 과정에서 흔히 범하는 실수가 있다. 바로, 준비 없이 단계를 건너뛰려는 시도다.

온라인에는 유혹적인 정보가 넘쳐난다. '투자로 경제적 자유를 이루는 법', '회사 때려치우고 창업해서 성공하는 비결' 같은 콘텐츠들이 쉽게 눈에 띈다. 유튜브에서 역시 이런 제목의 영상이 쏟아지고, 많은 사람들이 이러한 정보에 이끌려 큰 고민 없이 행동에 옮기곤 한다. 하지만 현실은 그렇게 단순하지 않다.

나 역시 이 과정을 겪으며 수많은 시행착오를 경험했다. 온라인 쇼핑몰부터 시작해 글쓰기 강의, 퍼스널 브랜딩 강의까지, 필요하다고 생각되는 강의는 거의 다 들어봤다. 강의 자체는 대부분 수준이 높았다. 문제는 강의의 '질'이 아니라, 내가 그 내용을 받아들일 준비가 되어 있지 않았다는 것이다.

어떤 정보가 아무리 훌륭해 보여도, 그것이 지금의 나와 맞는가를 먼저 점검해야 한다. 자신이 지금 어디에 서 있는지를 모른 채 무작정 앞 단계로 점프하려는 시도는, 때로는 시간과 비용을 낭비하는 결과로 이어진다. 그래서 자신의 현재 위치를 정확히 파악하는 일이 무엇보다 중요하다는 것이다. 물론, 반드시 순서대로만 가야 한다는 법은 없다. 누구나 자신만의 방식으로 더 빠른 도약을 이룰 수 있다. 그러나 그 도약이 클수록 요구되는 준비와 리스크도 함께 커진다. 많은 창업가들이 초기에 실패하는 이유 중 하나는, 기초적인 경험과 지식 없이 너무 급하게 사업을 추진했기 때문이다. 사업 아이템은 좋아 보였지만, 재무 관리 능력이나 마케팅 실행력, 고객 관리 경험이 부족한 상태에서는 오히려 큰 손해를 입는 경우가 많다. 요컨대 단계를 뛰어넘는 것은 자유지만, 그만큼의 책임과 리스크도 감수할 수 있어야 한다. 조급함보다는 정확한 판단이, 불안한 도약보다는 준비된 한 걸음이 결국 더 빠르고 안정적인 성공으로 이어진다.

1단계(무직)에서 바로 3단계(프리랜서)로, 2단계(직장인)에서 4단계(사업가)로 건너뛰는 것도 가능하다. 하지만 여기에는 중요한 규칙이 있다.

리스크를 최소화하고 빠르게 경제적 자유를 얻는 법

많은 사람들이 "나는 단계를 건너뛰고 빠르게 성공하고 싶다"고 생각한다. 그러나 중요한 것은 단계를 뛰어넘는 것 자체가 아니라, 그 과정에서 필요한 능력을 갖추는 것이다. 오히려 한 단계씩 차근히 밟아가는 것이 가장 빠르고 안정적인 길이 될 수 있다.

말하자면 퀀텀 점프 전략은 현재 단계에서 필요한 역량을 집중적으로 개발하면서, 동시에 다음 단계에서 요구되는 기술과 지식을 미리 준비하는 방식이다. 이는 마치 한 발은 현재에, 다른 한 발은 미래에 두고 움직이는 것과 같다. 이러한 접근은 리스크를 최소화하면서도 단계를 자연스럽게 넘을 수 있게 해준다.

나는 직장인에서 온라인 사업가로 전환하는 데 약 2년이 걸렸다. 비교적 빠른 편이라고 생각한다. 단계마다 필요한 역량을 준비하며 이동했기에 가능했다. 현재는 사업을 안정적으로 운영하고 있으며, 불확실성이나 사기 같은 위험 요소에도 대비되어 있는 상태다.

1단계(무직) → 2단계(직장인): 나만의 강점을 찾고, 시장을 이해하라

많은 사람들이 처음부터 '돈을 많이 버는 직업을 선택하면 된다'고 생각한다. 나는 이러한 사고방식이 우리 사회의 가장 큰 문제라고 생각한다. 개인의 개성이나 능력을 고려하지 않고 모두가 의사나 대기업 직장인이 되어야 한다고 여기는 사회. 그렇지 않으면 패배자로 간주되는 구조. 이것은 집단적인 착각, 일종의 거대한 가스라이팅이다.

나의 결론은 단순하다. 돈을 많이 벌기 위해서는 오래 지속할 수 있는 분야를 찾아야 한다. 흥미를 잃고 지치기 전에 꾸준히 몰입할 수 있는 일을 찾아야 한다. 무엇이든 오래하면 잘하게 되고, 잘하면 세상은 가치를 인정하고 돈으로 보상해준다. 내가 세상에 줄 수 있는 가치가 많아질수록 돌아오는 보상도 커지는 것이다. 만약 당신이 1단계 무직 상태에 있다면 2단계로 나아가기 위해 다음의 활동부터 시작하라.

1단계에서 해야 할 일
1. 좋아하는 것, 흥미 있는 것, 잘하는 것, 잘하고 싶은 것을 파악한다.
2. 자신의 강점을 분석하고, 현재 시장에서 필요로 하는 능력과 연결해 본다.
3. 다양한 경험을 쌓으며 나에게 맞는 업종이나 직업군을 탐색한다.

자신의 강점을 발견하는 방법 중 하나로 '피드백 분석'이라는 것이 있다. 유명 경영학자인 피터 드러커Peter Drucker가 제안한 이 방법은, 중요한 결정이나 행동을 할 때는 예상 결과를 미리 기록하고, 9~12개월 후에 실제 결과와 비교해 보는 것이다. 이 과정을 통해 자신이 어떤 일에 재능이 있고, 어떤 일에는 그렇지 않은지 객관적으로 파악할 수 있다.

강점을 찾았다면 그것을 시장의 요구와 연결해야 한다. 재능이 아무리 뛰어나도 그에 대한 수요가 없다면 경제적 가치를 만들 수 없다. 나의 강점이 시장의 니즈와 맞닿는 지점을 찾아야 한다. 이 단계를 건너뛰고 단지 돈이 되는 직업을 선택하면 어떻게 될까? 단기적으로는 수익이 날 수도 있겠지만, 흥미와 의미를 느끼지 못해 결국 지치고 포기하게 될 것이다. 좋아하지도 않고 잘하고 싶지도 않은 일을 오래 지속하긴 어렵기 때문이다.

2단계(직장인) → 3단계(프리랜서/자영업자): 핵심 기술과 세일즈 능력을 익혀라

이 단계에서는 직장인으로서 일정한 급여를 받으며 안정적인 생활을 하고 있을 수 있다. 하지만 경제적 자유를 위해서는 수익을 늘려 자산 증식의 속도를 높일 필요가 있다. 직장은 우리가 원하는 만큼의 급여를 주지 않는다. 안정성은 있지만, 그것이 곧 리스크가 되기도 한다. 언제든 구조조정이나 해고를 당할 수도 있다. 따라서 본인만의 기술을 연마하고, 시장에 팔 수 있는 능력을 길러야 한다.

최근 SNS에서는 '성공팔이'나 '강의팔이'처럼 누군가의 노하우나 경험을 판매하는 행위를 비아냥거리며 소비하는 문화가 있다. 하지만 내가 보기엔 이는 단지 팔 능력이 없는 사람들이 느끼는 열등감일 뿐이다. 능력이 있다면 팔면 된다. 능력이 없다면 키워야 한다. 이를 위해 해야 할 일은 다음과 같다.

2단계에서 해야 할 일

1. 현재 직장에서 단순히 일을 처리하는 데 그치지 말고, 어떤 가치가 돈이 될까를 끊임없이 고민해야 한다.
2. 내가 회사에서 맡은 업무가 사회에서는 어떤 방식으로 도움이 될 것인가를 분석해 본다. (예: 엑셀 강의, 정리·운영 대행, 프로젝트 관리, 컨설팅 등)
3. 마케팅, 세일즈, 협상 능력을 익혀 직접 돈을 벌어보는 경험을 쌓는다.

직장인 시절에도 부업을 통해 프리랜서 경험을 쌓는 것이 중요하다. 이는 단순한 추가 수입 이상의 의미를 갖는다. 고객을 직접 상대하고, 내 서비스의 가격을 정하고, 나를 홍보하는 일련의 과정을 통해 프리랜서에게 필요한 역량을 미리 개발할 수 있기 때문이다.

특히 세일즈 능력은 핵심이다. 많은 이들이 자신을 내보이고 장점을 부각시키는 일을 부정적으로 인식하지만, 경제적 자유를 원한다면 자신의 가치를 적극적으로 알리고 적절한 대가를 받을 줄 알아야 한다. 이는 단순히 물건을 파는 것이 아니라, 내가 제공하는 가치를 타인에게 설득력 있게 전달하는 능력이다. 이 단계를 건너뛰고 곧바로 프리랜서나 자영업자가 되었다가 생각대로 안 될 경우에는 고정 수입이 사라진 상태에서 생계유지조차 어려워질 수 있고, 세일즈 경험 부족으로 수익 안정화에도 실패할 수 있다.

3단계(프리랜서/자영업자) → 4단계(사업가): 레버리지를 활용하라

이제 당신은 혼자서 돈을 벌 수 있는 사람이 되었다. 그러나 여전히 시간과 노동이 수익의 상한선을 결정한다. 지금 필요한 것은 '레버리지'다. 내가 투자한 시간 이상의 수익을 창출하는 구조를 만드는 것이다.

3단계에서 해야 할 일
1. 반복 업무는 자동화 시스템으로 대체한다.
2. 고객 확보를 위한 마케팅 시스템을 구축한다.
3. 모든 것을 혼자 하려 하지 말고, 업무 분산과 팀 운영의 원리를 익힌다.

레버리지는 시간을 분산시키고 가치를 확장하는 방법이다. 프리랜서는 시간당 단가가 수익의 한계를 정한다. 반면 사업가는 자신의 시간이 아닌 시스템, 사람, 자본을 통해 수익을 만든다. 이를 위해 다음과 같은 네 가지 레버리지를 전략적으로 활용해야 한다.

1. **인적 레버리지**: 다른 사람의 시간과 역량을 빌린다.
2. **기술적 레버리지**: 자동화 도구와 소프트웨어를 적극 활용한다.
3. **재정적 레버리지**: 자본을 투입해 성장 속도를 높인다.
4. **네트워크 레버리지**: 인맥과 파트너십을 통해 새로운 기회를 창출한다.

사업을 확장할 때 주의할 점은 속도다. 아직 수익 모델이 안정되지 않았는데도 직원을 늘리거나 큰 비용을 투자하는 경우, 현금 흐름이 무너져 실패로 이어질 수 있다. 각 단계를 점진적으로 확장하고, 안정성을 확보하면서 다음 단계로 넘어가야 한다. 이 단계를 건너뛰고 무리하게 사업을 확장하면 경험 부족과 조직 운영 미숙으로 실패 확률이 급격히 높아진다.

4단계(사업가) → 5단계(전업 투자자): 자본을 운용하는 능력을 익혀라

사업을 통해 자본을 축적했다면, 이제는 자산이 자산을 만드는 구조를 고민할 때다. 더 이상 시간과 노동이 수익의 전부가 되어서는 안 된다. 이 단계에서는 자본을 전략적으로 운용하는 능력이 핵심이다.

4단계에서 해야 할 일

1. 단순히 사업을 운영하는 것이 아니라, 사업에서 발생하는 수익을 어떻게 자산으로 전환할 것인지 고민한다.
2. 부동산, 주식, 가상화폐 등 다양한 투자 시장을 연구하고, 적절한 투자 전략을 세운다.
3. 단기적인 수익만 노리는 것이 아니라, 장기적인 자산 증식을 위한 포트폴리오를 구축한다.

전업 투자자로 전환하기 위한 준비는 생각보다 시간이 오래 걸릴 수 있다. 처음에는 소액으로 다양한 시장을 실험하며 경험을 쌓아야 한다. 중요한 원칙은 '잃어도 괜찮은 금액'으로 시작하라는 것이다. 이 과정을 통해 시장 흐름을 읽는 감각, 리스크를 관리하는 능력, 그리고 각 투자 상품의 특성을 이해하게 된다.

경제적 자유란 단순히 수입이 늘어나는 것이 아니라, 더 이상 시간과 노동에 얽매이지 않고 내가 원하는 방식으로 삶을 설계할 수 있게 되는 상태다. 지금 어느 단계에 있든, 이 5단계 로드맵의 지침이 당신의 여정에 도움이 될 것이다.

PART 4

ONE SYSTEM
나를 중심에 둔 성공 시스템 만들기

돈과 자유를 얻는 시스템

시간과 돈에 있어 자유로운 삶을 살기 위해서는 무엇을 해야 할까? 이 질문 앞에서 내가 가장 먼저 떠올린 단어는 '사업'과 '투자'였다. 나는 진지하게 고민했다. 과연 사업으로 돈을 벌 수 있을까? 솔직히 말해, 확신은 없었다. 그렇다면 투자는 어떨까? 답을 찾기 위해 수많은 책을 읽고 유튜브 영상도 찾아보며 국내외의 온갖 자료를 탐독했다. 그렇게 정보를 모은 끝에 내린 결론은 분명했다. 지금의 나는 투자부터 시작해야 한다는 것. 이유는 명확했다. 투자에 대한 정보가 넘쳐났고, 진입 장벽이 비교적 낮아 보였기 때문이다.

나는 주식과 부동산에 모두 관심을 두고, 소액으로 조심스럽게 투자를 시작했다. 하지만 금세 현실의 벽에 부딪혔다. 진정한 수익을 내려면 결국 '목돈'이 필요하다는 사실을 깨달았기 때문이다. 지금의 월급 수준으로는 투자에 속도를 내기 어려웠고, 수익이 확실하지 않은 상황에서 자금을 장기간 묶어두는 것은 큰 부담이었다. 단기 시세차익을 노리는 '데이트레이딩day trading' 방식도 내 성향과는 맞지 않았다. 부동산 역시 큰 자본이 있어야 시작할 수 있었다. 그래서 나는 투자보다 사업에 무게를 두기로 했다.

하지만 문제는 따로 있었다. 나는 특별한 기술도, 눈에 띄는 장점도 없었다. 막연한 열정만으로 사업에 뛰어드는 것은 위험해 보였다. 과거에 온라인 사업에 도전한 적도 있었지만, 실력 부족으로 광고비만 날리고 금세 접었던 경험이 있다. 손해 없이 이익만 낼 수 있는 방법은 없을까? 여러 가능성을 고민한 끝에 도달한 결론은, 결국 내 시간을 투자하는 수밖에 없다는 것이었다.

그리하여 내가 택한 길은 동기 부여 콘텐츠를 기반으로 한 유튜브 채널을 운영하는 것이었다. 평소 해외 동기 부여 영상을 즐겨 보던 터라, 그 내용을 요약하고 쉽게 전달하는 콘텐츠를 제작하면 비슷한 취향의 사람들이 관심을 가질 거라 생각했다. 그렇게 만든 3분짜리 영상을 유튜브에 올렸지만, 며칠이 지나도 조회수는 '0'이었다. '내가 잘못된 길을 선택한 걸까?' 의문이 들었다. 그럼에도 나는 포기하지 않고 꾸준히 콘텐츠를 올렸다. 그러자 10, 50, 100으로 조회수가 조금씩 늘어나기 시작했고, 어느 순간 1천 회, 1만 회, 10만 회를 돌파한 영상도 생겼다. 자연스럽게 구독자도 매달 1만 명 이상씩 증가했고, 회사 급여 외에 조회수 수익, 광고 수익, 제휴 수익 등 다양한 수익이 생겨나기 시작했다. 무엇보다도 내가 자는 동안 자동으로 수익이 발생한다는 사실이 나에게 큰 기쁨과 성취감을 안겨주었다.

그렇게 1년이 지나고, 유튜브 채널을 운영한 지 4년이 되는 지금, 나는 중요한 통찰을 얻었다. 이러한 성공 방식이 유튜브에만 국한되는 것은 아니라는 점이다. 수익을 만드는 본질과 구조만 정확히 이해하면, 그 원리를 다른 플랫폼에도 충분히 적용할 수 있다.

디지털 시대에 시간적·경제적 자유를 얻기 위한 온라인 수익화 시스템의 핵심은 사실 단순하다. 판매할 '상품', 고객을 유입할 'SNS 콘텐츠', 고객이 실제로 구매할 수 있는 '플랫폼'—이 세 가지 구성 요소만 잘 연결하면 된다. 나의 경우엔 영상 콘텐츠 자체가 상품이었고, 고객 유입은 콘텐츠를 통해 이뤄졌으며, 플랫폼은 유튜브였다. 이처럼 우리가 당연하게 여겨온 것들을 세분화해 보면, 그 안에 숨어 있던 구조가 드러난다.

이 책을 읽고 있는 당신 또한 마찬가지다. 자신의 삶을 조금 더 세밀하게 들여다보면, 그 안에서 지금까지 보지 못했던 가능성과 기회들이 하나씩 떠오르기 시작할 것이다.

나의 경험, 지식, 노하우를 돈으로 만드는 법

"망했다." 이 말을 실제로 입 밖에 내뱉어본 적이 있는가? 누구나 한 번쯤은 들어봤을 익숙한 표현이지만, 정말로 이 말을 하게 되는 순간은 생각보다 많지 않다. 왜일까? 우리는 늘 실패에 대한 막연한 두려움을 품고 살아가지만, 정작 그 실패와 제대로 맞닥뜨릴 일은 드물기 때문이다.

흔히 사람들은 실패를 '경제적 손실'과 연관지어 생각한다. 드라마나 영화, 혹은 뉴스에서 "사업하다 망했다"는 말을 자주 접하게 되면서, '실패란 곧 모든 것을 잃는 것'이라고 이미지화한다. 그리고 마음 한편에 사업을 하게 되면 나도 언젠가 그렇게 될 수 있다는 불안을 새겨 넣게 되는 것이다.

그러나 실제 현실은 그리 극단적이지 않다. 단 하나의 선택이 전부를 무너뜨리는 일은 이제 거의 일어나지 않는다. 디지털 기술의 발달로 누구나 원하는 정보를 손쉽게 얻을 수 있게 되었고, 이전 세대보다 훨씬 안전한 선택지들이 다양하게 마련되어 있기 때문이다. 어지간해서는 '완전히 망하는' 일이 그리 쉽게 일어나지 않는다. 그럼에도 불구하고 많은 사람들이 여전히 실패를 두려워하고, 그 두려움 때문에 자신의 일을 시작하지 못한다. 조직에 속해 있으면 분명 일정한 수입은 얻을 수 있을 것이다. 하지만 나의 시간과 방향성, 삶의 주도권을 온전히 쥐기 위해서는 결국 '나만의 일'을 시작해야 한다. 사업은 돈과 자유를 동시에 얻기 위한 유일한 길이기도 하다.

물론 막연히 '사업을 해야겠다'고 마음먹는 것만으로는 충분하지 않다. 무엇을, 어떻게 시작해야 할지 감이 잡히지 않아 망설이게 되는 것도 당연하다. 하지만 이것은 결코 당신의 역량이 부족해서가 아니다. 그보다는 오랜 시간 동안 누군가가 시킨 일을 하는 '시스템'에 익숙해져 있기 때문이다.

이제는 그 시스템에서 벗어나야 한다. 익숙한 시스템 밖에서도 충분히 안전하게, 그리고 점진적으로 나만의 길을 만들어 나갈 수 있는 시대다. 중요한 것은 '크게 시작하는 것'이 아니라 '작더라도 제대로 시작하는 것'이다. 그리고 그 시작점은 바로 당신이 지금까지 쌓아온 경험과 지식, 노하우 안에서 찾는 것이 좋다.

자본주의 사회는 시스템에 의해 움직인다. 우리는 어릴 때부터 이 시스템에 자연스럽게 편입되어 살아왔다. 생산자가 아닌 소비자로, 사업가가 아닌 조직의 일원으로, 눈에 띄지 않고 모범적으로 사는 것이 바람직하다고 배워왔다. 하지만 '모범적인 사람'이라는 기준은 누구의 관점에서 정해진 것일까? 그것은 사회의 시스템을 설계하고 운영하는 사람의 입장에서 유리한 기준일 가능성이 크다. 그들이 나쁘다는 이야기를 하고 싶은 것이 아니라, 이제는 내가 그 시스템의 주인이 되어야 한다는 뜻이다.

진정한 자유를 얻는 여정은 처음부터 쉽지 않다. 이제는 세상의 흐름에 끌려가는 사람이 아니라, 그 흐름을 주도하는 사람이 되어야 하기 때문이다. 이를 위해 가장 먼저 해야 할 일은 세상의 구조를 이해하고, 그 구조를 나에게 유리하게 활용하는 법을 익히는 것이다. 돈을 벌기 위해서는 자본주의의 기본 원리를 알아야 한다. 돈은 단순히 종잇조각이 아니라 어떤 가치에 대한 대가다. "그것을 원한다면 대가를 치러라"라는 말처럼, 우리는 누군가에게 무언가를 제공할 때만 돈을 얻을 수 있다. 그게 서비스든, 기술이든, 노동이든, 무엇이든 상대가 필요하다고 느낄 만한 무언가를 내주어야 한다. 가장 단순한 예가 물건을 사고파는 일이다.

그렇다면 나는 세상에 어떤 가치를 제공할 수 있을까? 예를 들어 편의점에서 아르바이트를 하고 있다고 가정해 보자. 일정 시간이 지나면 고객 응대와 매장 정리에 익숙해질 것이다. 대부분의 사람은 여기서 만족하고 더 이상 앞으로 나아가지 않는다. 그러나 이 지점에서 한 걸음 더 나아가 '생산자'의 시선으로 시스템을 바라볼 수 있다면 이야기는 달라진다. "내가 만약 편의점 사장이라면 어떤 직원을 선호할까?" 이같은 질문을 던져보자. 답변은 당연히 매출을 올리고, 매장을 깔끔하게 운영하는 사람일 것이다.

이미 기본적인 업무 능력을 갖췄다면, 다음 단계로 올라가기 위해 매출을 어떻게 높일 것인가를 고민해야 한다. 예를 들어 고객이 자주 찾는 상품의 재고를 더 철저히 관리하거나, 사장에게 이벤트 아이디어를 제안해 볼 수도 있을 것이다. 이때부터는 단순한 업무 수행 능력이 아니라 전략적 사고 능력이 중요해진다. 어떤 방식이 고객의 관심을 끌 수 있을지, 어떤 구조가 매출을 높이는 데 효과적인지를 꾸준히 고민해야 한다.

이벤트를 몇 차례 성공적으로 진행해 매출이 실제로 상승하고 사장이 고마움을 표현한다면, 그다음 단계는 더욱 주도적인 역할을 맡는 것이다. 이제는 이벤트의 기획부터 실행까지 전 과정을 스스로 운영할 수 있는 역량을 보여줘야 한다. 만약 사장의 개입 없이 모든 과정이 매끄럽게 진행된다면, 사장은 당신에게 점점 더 많은 신뢰를 보이게 될 것이다. 그리고 어느 순간, 사장은 당신이 없으면 매장이 제대로 굴러가지 않을 것이라고 느끼게 될 것이다.

이 지점부터 주도권은 당신에게로 넘어온다. 이제 협상할 수 있는 위치가 된다. 편의점 전체 매출의 일정 비율을 요구하며 운영과 재고 관리 전반을 맡겠다고 제안할 수도 있다. 이는 단순한 아르바이트의 차원을 넘어, 나만의 시스템을 구축하는 시작점이다. 그렇게 되면, 이후 다른 직원을 고용해 나를 대신하게 하고, 나는 실패의 위험을 줄이면서도 자동으로 수익이 발생하는 구조를 만들어갈 수 있다.

물론, 이런 시나리오가 실제로 실현되기란 쉽지 않다. 말처럼 간단한 일은 아니다. 하지만 전혀 불가능한 일도 아니다. 수많은 사업이 이런 과정을 거쳐 성장해왔다. 작은 일에서 시작해 점차 더 큰 책임을 맡고, 그 과정에서 나만의 시스템을 만들게 되는 것이다. 생각보다 더 많은 가능성이 열려 있다.

나는 현재 구독자 19만 명의 유튜브 채널을 운영하고 있다. 그 외에도 오프라인 사업을 해본 경험이 있고, 온라인 사업 하나와 글로벌 온라인 사업 하나를 동시에 운영하고 있다. 한 가지 사업만 해도 벅찰 텐데 어떻게 두 가지 이상을 동시에 할 수 있느냐고 궁금해할 수도 있다. 하지만 앞서 말한 시스템 구축의 흐름에 익숙해지면 새로운 사업을 시작하는 데 큰 어려움은 없다. 오히려 그 이후에 사업을 확장하고 안정적으로 유지하는 일이 더 많은 노력을 필요로 한다는 것을 알게 된다.

나는 처음 유튜브를 시작했을 때, 영상 편집은 물론 대본이 뭔지도 몰랐다. '유튜버'라는 단어조차 생소하던 시절이었으니까. 당시 나는 물류회사에 다니는 평범한 직장인이었고, 유튜브와는 아무런 관련 없는 삶을 살고 있었다. 그런데 어느 순간, 이런 생각이 들었다. 지금처럼 시간과 장소에 얽매여 일하는 방식으로는 진짜 자유를 얻을 수 없다고. 내가 시간을 들인 만큼만 벌 수 있는 구조는 결국 내 유한한 에너지를 갉아먹을 수밖에 없다는 사실을 깨달은 것이다. 나는 내가 잠든 사이에도 수익이 발생하는 시스템을 원했다. 그래서 '디지털 노마드'라는 개념을 알게 되었고, 반드시 그런 삶을 살아야겠다는 열망을 갖게 되었다.

그때 내 눈에 들어온 것이 유튜브였다. 큰 자본 없이도 도전할 수 있었고, 이미 누군가는 이 일로 수익을 내고 있다는 이야기도 들었다. 나에게도 가능성이 있을지 모른다는 기대감에 무작정 시작했다. 당시에는 지금처럼 AI 도구가 보편화되어 있지 않았기 때문에, 3분짜리 영상 하나를 만들기 위해 밤을 새우는 일도 흔했다. 그렇게 공들여 만든 영상이지만 조회수는 고작 1~5회에 불과했다. 솔직히 이럴 바엔 편의점 아르바이트를 하는 편이 낫겠다는 생각이 들기도 했다. 그럼에도 내가 이 일을 계속할 수 있었던 데에는 분명한 이유가 있었다. 유튜브는 회사 생활과 병행할 수 있었기 때문이다. 회사에서는 매달 안정적으로 월급이 들어왔고, 유튜브에서는 아직 수익은 없었지만 영상 제작에 별다른 비용이 들지는 않았다. 다만 필요한 것은 오로지 시간과 인내뿐이었다. 그리고 이 점에 있어서만큼은 누구보다 자신이 있었다. 그 일에 내 노력과 시간을 투자하는 데 있어 스스로 확신이 있었기 때문이다. 돌이켜 보면 이러한 성실함이 오히려 나중에는 사업 확장의 걸림돌이 되기도 했지만, 당시의 나에게 그것은 가장 강력한 자산이자 유일한 추진력이었다.

앞서 이야기한 편의점 시나리오는 언뜻 보기엔 내 경험과는 동떨어져 보일 수도 있다. 그러나 실제로 나는 그 흐름을 거의 그대로 따랐다. 단지 무대가 편의점이 아닌 유튜브였을 뿐이다. 유튜브 알고리즘을 편의점 사장이라고 가정해 보자. 편의점 아르바이트 직원이 처음에는 매장 정리와 고객 응대부터 배워가는 것처럼, 나도 유튜브를 시작할 때 영상 편집과 대본 작성부터 하나하나 익혀 나갔다. 그리고 직원이 매출을 늘리기 위해 이벤트를 제안하듯, 나는 시청자들이 좋아할 만한 콘텐츠가 무엇인지 계속 고민하고 실험을 반복했다.

이러한 과정을 거치며 나는 유튜브라는 플랫폼 위에 조금씩 나만의 시스템을 구축해 나갔다. 나는 시청자에게 유익한 콘텐츠를 제공했고, 유튜브 알고리즘은 그 가치를 광고주에게 연결해 수익을 창출하면서 그 절반을 내게 배분하는 구조였다. 지금 내 유튜브 채널에 업로드된 400편이 넘는 영상은 그 여정의 결과물이다.

　이처럼 성실하게 이어간 노력은 분명한 보상으로 돌아왔다. 영상이 늘어날수록 수익은 점차 안정되었고, 어느 순간부터는 내가 잠든 사이에도 돈이 들어오기 시작했다. 자동 수익 시스템이 본격적으로 작동하기 시작한 것이다. 그 다음 단계는, 편의점 사장이 유능한 직원을 붙잡기 위해 월급을 올려주고 점점 더 많은 일을 맡기듯이, 나도 영상 편집자를 고용해 내 작업의 일부를 위임했다. 대본과 녹음은 내가 준비하고, 편집과 업로드 등은 편집자가 맡는 방식으로 반자동화된 시스템을 만들었다. 그리고 이러한 경험은 유튜브에서 끝나지 않았다. 이후 오프라인 사업, 온라인 콘텐츠 플랫폼, 그리고 현재 운영 중인 글로벌 온라인 비즈니스까지, 같은 원리를 그대로 적용해 총 세 개의 시스템을 만들 수 있었다. 반복 가능한 구조였기에, 그 구조를 내게 맞게 조정해 나가는 일은 점점 쉬워졌다.

　이제 자신 있게 말할 수 있다. 앞서 이야기한 편의점 아르바이트 시나리오는 결코 뜬구름 잡는 이야기가 아니라는 것을. 나도 그 과정을 거쳐왔고, 지금도 같은 원리로 시스템을 확장해 나가고 있다.

이제 중요한 질문을 스스로에게 던져보아야 한다. 당신은 어떤 기술과 관심사, 어떤 능력을 바탕으로 이런 시스템을 설계할 수 있을까? 아직 자신을 명확히 파악하지 못했거나, 일상에 쫓겨 이런 고민을 해볼 여유조차 없었다면, 우선 휴대폰을 끄고 주변의 방해 요소를 잠시 멀리해 보자. 그리고 오롯이 나와 마주하는 시간을 가져보자.

다음 장에서는 그 첫걸음을 돕기 위한 몇 가지 실전 도구를 소개하려고 한다. '브레인 스캐닝'에서는 지금까지 당신이 걸어온 발자취를 분석하고, '벤치마킹'에서는 나와 비슷한 도구를 가진 선배들의 전략을 살펴본다. '자동화 시스템 구축'에서는 잠든 사이에도 수익이 발생하는 구조를 어떻게 만들 수 있는지를, '트래픽 머신'에서는 사람들의 관심과 발길이 당신의 시스템으로 향하게 만드는 방법을 이야기할 것이다. 그리고 마지막에는, 그렇게 만들어진 시스템을 무한히 확장하는 법에 대해서도 함께 고민해 볼 것이다.

당신만의 무기를 발견하라

나만의 무기를 찾는 첫 번째 단계는 '브레인 스캐닝Brain Scanning'이다. 말 그대로 자신의 머릿속을 들여다보며 지금까지 쌓아온 경험과 지식, 기술, 관심사를 차근차근 정리해 보는 작업이다. 누구에게나 살아온 만큼 무형의 자산이 있다. 중요한 건 그중에 충분히 개인 비즈니스로 발전할 수 있는 가능성을 지닌 무언가가 있을 수 있다는 사실이다. 나만의 무기를 찾아내는 브레인 스캐닝 과정에는 많은 자본이 필요하지 않다. 다만 반드시 기억해야 할 점은, 이 과정의 핵심 목적은 '결핍'을 찾는 것이 아니라 '무기'를 찾는 데 있다는 것이다.

개인 비즈니스에 있어서는 약점을 보완하는 것보다 강점을 극대화하는 것이 훨씬 더 효과적이다. 자본주의 사회는 잘하는 것, 즉 탁월함에 더 높은 가치를 매기기 때문이다. 입장을 바꿔 생각해 보자. 당신이라면 결과가 불확실한 사람에게 문제 해결을 맡기겠는가, 아니면 비용이 조금 더 들더라도 확실한 해결책을 제시하는 전문가에게 맡기겠는가. 결국 우리는 '확실함'에 돈을 지불한다. 그렇기에 브레인 스캐닝을 통해 내가 제일 잘할 수 있는 분야, 내 안에 이미 존재하는 무기를 발견하는 일이 가장 먼저 선행되어야 한다. 브레인 스캐닝 과정에서는 다음과 같은 것을 발견할 수 있다.

1. 자신의 강점과 약점을 파악할 수 있다. 브레인 스캐닝을 통해 내가 어떤 분야에서 강점을 가지고 있고, 어떤 부분에서 개선이 필요한지 명확히 알 수 있다. 이는 어떤 비즈니스를 시작해야 할지 결정하는 데 큰 도움이 된다.

2. 관심사와 열정을 확인할 수 있다. 브레인 스캐닝은 내가 진정 관심을 가지고 있는 것이 무엇인지 보여준다. 사업을 성공적으로 운영하려면 실력도 중요하지만, 무엇보다 지속 가능해야 하고, 이를

위해서는 열정과 흥미가 중요한 역할을 한다.

3. 내가 도움을 줄 수 있는 분야를 찾을 수 있다. 자신의 능력과 지식이 누구에게 어떤 도움을 줄 수 있는지 확인할 수 있다. 이는 목표 고객이나 협력 파트너를 결정하는 데 큰 도움이 된다.

다음은 브레인 스캐닝 과정을 돕는 워크시트다. 각 문항을 주의 깊게 살펴보면서 내가 가지고 있는 무기는 무엇인지 차근히 들여다보는 시간을 가져보자. 아래의 내용은 나의 경우를 대입한 것이니, 이것을 참고로 그 다음 빈 표에는 각자 자기에게 맞는 내용을 적어보자.

〈경제적 자유 도구 만들기〉

		생각나는 대로 모두 적기	해당 경험이나 지식이 누구에게 어떤 도움이 되는가?	잘할 수 있는 일인가?	해보고 싶은 일인가?
커리어 관련 지식/ 스킬 / 노하우	1	유튜브 콘텐츠 제작 및 편집 노하우	부수입이 필요한 사람들에게 유튜브 하는 법을 알려줄 수 있다.	O	O
	2	Trello를 사용하여 영상 일정 조직화 하기	영상 제작으로 피곤해하는 유튜버에게 팁을 줄 수 있다.	O	

커리어 관련 지식/ 스킬 / 노하우	3	유튜브 운영 노하우	성과가 나지 않는 유튜버에게 코칭 서비스를 제공한다.	O	
	4	조회수 잘 나오는 영상 제작하는 법	조회수가 안 나오는 유튜버에게 코칭 서비스를 제공한다.	X	
	5	지속 시간 높이는 대본 작성법	영상을 보고 떠나는 사람들을 붙잡을 수 있는 방법을 알려줄 수 있다.	O	
	6	유튜브로 수익 만드는 법	부수입이 필요한 사람들에게 유튜브 하는 법을 알려줄 수 있다.	X	
	7	구독자 1,000명 모으지 않고도 수익 창출하는 법	구독자 모으는 방법과 수익 창출 구조에 대해 설명할 수 있다.	O	
극복 / 성취 경험	1	회사에서 탈출한 경험	회사를 탈출하기 위한 계획 수립법을 Step By Step으로 코칭해준다.	O	
	2	회사 밖에서 수익을 창출하는 법	퇴사를 원하는 회사원들에게 다양한 수익 창출법을 알려준다.	O	
	3	에너지 관리법을 통해 번아웃을 극복한 경험	20:80 법칙을 에너지 관리에 활용하는 방식을 알려준다.	O	

남들이 나에게 물어보는 것 / 부러워하는 것	1	회사를 다니지 않는 것을 부러워함	회사를 탈출하기 위한 계획 수립법을 Step By Step으로 코칭해준다.	O	
	2	적게 일하고 많이 버는 것을 부러워함	시간, 에너지 관리법을 체계화하여 알려준다.	O	
	3	유튜브 영상 아이디어를 물어봄	유튜브 영상 아이디어 얻는 법을 상품화하여 강의, 코칭한다.	O	
	4	끊임없이 무언가를 하는 것을 부러워함	스스로 동기 부여할 수 있는 노하우를 공부하여 강의, 코칭한다.	O	
	5	하고 싶은 일이 있는 것을 부러워함	명확한 기준점을 찾고 시행착오를 줄일 수 있는 법을 알려준다.	O	
	6	진로 상담을 많이 받음	정말 원하는 것이 무엇인지 찾도록 심층 질문 및 코칭을 해준다.	O	

〈경제적 자유 도구 만들기〉

		생각나는 대로 모두 적기	해당 경험이나 지식이 누구에게 어떤 도움이 되는가?	잘할 수 있는 일인가?	해보고 싶은 일인가?
커리어 관련 지식/ 스킬 / 노하우	1				
	2				
	3				
	4				
	5				
	6				
	7				
극복 / 성취 경험	1				
	2				
	3				

		생각나는 대로 모두 적기	해당 경험이나 지식이 누구에게 어떤 도움이 되는가?	잘할 수 있는 일인가?	해보고 싶은 일인가?
남들이 나에게 물어보는 것 / 부러워하는 것	1				
	2				
	3				
	4				
	5				
	6				

이미 검증된 전략을 활용하라

앞서 브레인 스캐닝 과정을 통해 지금까지 당신이 어떤 삶을 살아왔는지, 무엇을 좋아하고 어디에 관심을 갖고 있는지를 살펴보았다. 나아가 당신이 가진 기술과 노력을 통해 다른 사람들의 문제를 해결했던 경험까지 되짚어보았다. 만약 당신이 한 번이라도 다른 사람의 문제를 해결해 본 경험이 있다면, 그 경험은 평생 활용할 수 있는 강력한 무기가 될 수 있다.

하지만 막상 조직이나 회사에 기대지 않고 독립적으로 경제 활동을 시작하려는 사람들은 대부분 '무엇부터 해야 할지 모르겠다'는 막막함에 부딪힌다. 이럴 때 필요한 것이 바로 '벤치마킹'이다.

벤치마킹을 단순한 모방 전략으로 여기는 사람들이 있다. 하지만 과연 그럴까? 예를 들어, 한국의 쿠팡은 미국의 아마존을 벤치마킹했다. 그렇다면 쿠팡은 그저 아마존의 복제판일까? 당신의 생각이 어떨지 모르겠지만, 쿠팡은 아마존의 비즈니스 모델을 대부분 참고했음에도 불구하고, 사람들은 쿠팡을 이용할 때 아마존을 떠올리지 않는다. 이것이야말로 성공적인 벤치마킹의 대표적인 예다. 지금부터는 이런 벤치마킹을 어떻게 나만의 전략으로 발전시킬 수 있을지, 그 구체적인 4단계 과정을 설명하겠다.

1단계: 기회 발견하기

벤치마킹의 첫 번째 단계는 기회를 발견하는 것이다. 세상은 기회로 가득 차 있다. 이미 경쟁이 치열한 시장에 '차별화 전략'으로 진입할 수도 있고, 아직 아무도 손대지 않은 '블루오션 영역'을 찾아 공략할 수도 있다.

이때 가장 중요한 것은 시장성을 확인하는 일이다. 아무리 뛰어난 제품이나 서비스라도 사람들이 필요로 하지 않는다면 아무 의미가 없다. 수요가 없다면 판매는 이뤄지지 않고, 결국 수익도 생기지 않는다. 물론 자아실현을 위한 활동이라면 그 자체로 의미가 있겠지만, 지금 우리는 생존을 위한 무기, 즉 경제적 가치를 창출할 수 있는 무기를 만들고 있는 중이다. 따라서 시장성 검증은 선택이 아닌 필수다.

시장성을 확인하는 가장 현실적인 방법은 키워드 검색이다. 예를 들어, 당신이 '운동으로 몸을 만들고 싶은 사람'을 위한 제품을 판매하려고 한다면, 가장 먼저 떠오르는 키워드인 '몸 만드는 운동'을 검색해 봐야 한다. 그러면 헬스, 복싱, 줄넘기, 홈트레이닝 등 다양한 키워드들이 따라붙는다. 여기서 점차 범위를 좁혀가다 보면 '헬스복', '머슬핏 티셔츠'처럼 구체적이고 실질적인 시장 아이템에 도달하게 된다.

이때 기억해야 할 점은, 시장성은 반드시 감에 의존하지 말고 데이터에 기반해 판단하라는 것이다. 많은 초보 창업자들이 자신의 '직감'과 '감성'에 의존하다 실패의 길로 접어든다. 실제로 대부분의 실패한 사업은 아이템이 나빴던 게 아니라, 시장에 대한 이해와 분석이 부족했기 때문이다. 경험이 적고 시장을 보는 눈이 아직 부족하다면, 더더욱 데이터를 따르는 것이 안전하다.

국내에서 활용할 수 있는 대표적인 키워드 검색 도구로는 네이버 데이터랩, 판다랭크, 블랙키위, 구글 트렌드 등이 있다. 분야에 따라 특화된 도구들도 있다. 예를 들어 유튜브를 분석하고 싶다면 뷰트랩, VidIQ, TubeBuddy 같은 툴을 활용할 수 있다. 이런 도구들을 사용하면 사람들이 어떤 키워드를 자주 검색하는지, 관련 검색어에는 무엇이 있는지, 검색량의 추이는 어떤지 등의 정보를 얻을 수 있다. 이를 통해 어떤 아이템이 시장에서 반응을 얻을 가능성이 있는지 미리 가늠할 수 있다.

물론 ChatGPT를 활용해 아이디어 브레인스토밍도 가능하다. 하지만 ChatGPT는 실시간 검색 데이터를 제공하지 않기 때문에 직접적인 시장 검증 도구로 활용하기보다는 아이디어 발굴 용도로 참고하는 것이 좋다.

2단계: 롤모델 설정하기

벤치마킹의 두 번째 단계는 롤모델을 설정하는 것이다. 왜 롤모델이 중요할까?

영어 속담에 "바퀴를 새로 발명하지 말라 Don't reinvent the wheel"

는 말이 있다. 선사 시대부터 인간은 무거운 물체를 효율적으로 옮기기 위해 바위를 깎아 바퀴를 만들었고, 이후 나무, 철, 고무로 소재가 발전하면서 오늘날의 자동차 타이어를 만들기에 이르렀다. 이 속담의 핵심은, 이미 존재하는 '훌륭한 아이디어'가 있다면 처음부터 다시 발명하려 애쓰기보다 그 아이디어를 개선하고 발전시키는 것이 훨씬 효율적이라는 것이다.

우리가 배우는 대부분의 지식과 기술은 사실 과거 누군가의 시행착오와 지혜 위에 쌓인 것이다. 그런 점에서 롤모델을 설정하는 일은, 단순히 '따라 하기'가 아니라 당신의 아이디어를 시각화하고 구체화할 수 있는 가장 빠르고 확실한 방법이다. 그렇다면 롤모델은 어떻게 설정할 수 있을까?

첫 번째 방법은 경쟁자 분석이다. 앞서 1단계 키워드 검색 과정에서 발견한 경쟁자들을 다시 꼼꼼히 살펴보자. 그들의 비즈니스 구조, 상품 구성, 콘텐츠 전략 등을 관찰하고, 그중 특히 인상 깊거나 배울 점이 많은 브랜드를 롤모델로 삼으면 된다.

두 번째는 SNS 알고리즘을 활용하는 것이다. 스마트폰을 켜서 인스타그램, 유튜브, 틱톡 등에서 알고리즘이 추천하는 인플루언서들을 살펴보자. 그들의 프로필에는 보통 외부

링크가 연결돼 있어, 이를 통해 클래스, 상품, 서비스 등을 판매 중인 웹사이트로 이동할 수 있을 것이다. 이러한 탐색, 조사 과정을 통해 경쟁자이자 롤모델이 될 수 있는 사람들을 자연스럽게 발견할 수 있다. 마음에 드는 인물이 있다면 즐겨찾기를 해두고, 콘텐츠 스타일이나 운영 전략을 분석해 보자.

세 번째는 기존의 거래 플랫폼을 탐색하는 것이다. 과거에는 개인 블로그나 카페에서 제품이나 서비스를 소개하고 직접 거래하던 시대였다면, 이제는 전문 플랫폼을 활용한 중개 거래 구조가 일반화되었다. 예를 들어 크몽, 클래스101, 클래스유, 문토, 프립 같은 플랫폼에서는 강의, 모임, 프리랜서 서비스 등 다양한 상품과 서비스가 거래되고 있다. 이들 플랫폼을 통해 어떤 제품이 인기 있는지, 어떤 서비스에 사람들이 돈을 지불하는지 쉽게 파악할 수 있다. 이들 플랫폼을 탐색하면서 인기 강의나 가장 많이 팔린 상품, 리뷰가 좋은 콘텐츠 등을 관찰해 보자. 이 과정은 생각보다 간단하면서도 의외로 재미있는 리서치 작업이기도 하다.

이러한 과정을 통해 찾은 롤모델은 이후 당신의 콘텐츠를 만들거나 제품을 기획할 때 구체적인 참고 대상이 될 수 있다. 단순히 '좋아 보인다'에서 멈추지 말고, 왜 이 사람이 인기 있는지, 무엇이 이들의 강점인지, 내가 어떤 점을 참고할 수 있을지를 정리해 보는 작업이 중요하다.

3단계: 경쟁자의 아이디어를 '온전한 내 것'으로 만들기

벤치마킹의 세 번째 단계는 경쟁자의 아이디어를 단순히 따라 하는 수준을 넘어서, 완전히 내 것으로 흡수해 재창조하는 것이다.

천재 화가 피카소는 이렇게 말했다. "좋은 예술가는 모방하고, 위대한 예술가는 훔친다Good artists copy, great artists steal." 이 말은 자칫 오해를 불러일으킬 수 있다. '훔친다'는 표현이 법적·윤리적 문제로 받아들여질 수 있기 때문이다. 하지만 이 문장의 진짜 의미는, 단순한 복제가 아니라 아이디어의 본질을 이해하고 자기만의 방식으로 재해석하여 새로운 가치를 창출하는 것이다.

여기서 중요한 개념은 '변형'과 '융합'이다. 겉모습만 흉내 내서는 안 된다. 아이디어의 구조와 의도를 제대로 파악한 뒤, 거기에 나만의 색깔과 경험을 덧입혀야 한다. 이때 1단계에서 진행했던 브레인 스캐닝을 통해 발견한 나의 무기를 활용해 보자. 당신이 가진 경험, 기술, 강점, 관심사는 단순한 모방을 넘어 초기 아이디어를 재구성하고 발전시키는 데 핵심적인 재료가 될 것이다.

단, 반드시 기억해야 할 한 가지 기준이 있다. 고객의 문제를 해결하는 핵심 기능은 그대로 유지되어야 한다는 것이다. 본래의 아이디어가 왜 효과적이었는지를 정확히 이해하지 못한 채 겉모습만 바꾸면, 고객은 금방 불편함을 느끼거나 아예 관심조차 갖지 않을 것이다. 따라서 겉모습은 물론이고, 기능과 효용 면에서도 동일하거나 더 나은 가치를 제공할 수 있어야 한다. 그래야 비로소 그것이 '내 것'이 된다.

단순한 베끼기는 누구나 할 수 있다. 하지만 자신의 자산(무기)과 연결해 완전히 새로운 무언가로 탈바꿈시키는 일은 창작의 영역이다. 이것이야말로 경쟁자의 강점을 나만의 기회로 바꾸는 벤치마킹 전략이다.

처음 사업을 시작하는 사람이라면 비즈니스 아이디어를 다루는 사고 과정이 자연스럽게 '베낀다 → 훔친다 → 내 것으로 만든다'의 단계로 흐르기 마련이다. 각 단계는 단순한 기술의 차이가 아니라, 사고력과 실행력의 깊이를 나타내는 지표가 된다. 이제 이 세 단계를 구체적으로 어떻게 적용할 수 있을지 살펴보겠다.

1) 베끼기 — 형태만 따르는 모방

'베낀다'는 것은 경쟁업체의 겉모습을 거의 그대로 복제하는 행위다. 서비스 구조, 제품 구성, 마케팅 방식까지 모든 것을 그대로 따라 한다. 이 방식은 빠르게 시장에 진입할 수 있다는 장점이 있지만, 창의성이 결여되고 윤리적 문제가 발생할 수 있다는 치명적인 단점이 있다. 최악의 경우, 저작권이나 상표권 침해 등 법적 분쟁으로까지 이어질 수 있다. 무엇보다 소비자는 진짜와 가짜를 금세 구분한다. 겉모습만 따라 한 모방 제품은 시장에서 오래 살아남지 못한다.

2) 훔치기 — 본질을 이해하고 차별화하기

'훔친다'는 것은 단순한 복제와는 다르다. 경쟁자의 핵심 아이디어나 비즈니스 모델에서 본질을 파악하고, 여기에 자신만의 해석과 차별화된 요소를 더해 새로운 가치를 만들어내는 일이다. 겉보기에는 유사해 보일 수 있지만, 브랜딩 전략, 브랜드 메시지, 사용자 경험, 콘텐츠 표현 방식 등에서 분명한 차이가 드러난다.

예를 들어보자. 맥도날드, 버거킹, 쉐이크쉑, 파이브 가이즈 등 다양한 햄버거 브랜드들이 있다. 이들 모두 햄버거와 감자튀김이라는 유사한 제품을 판매하지만, 소비자는 각 브랜드에 대해 서로 다른 이미지를 떠올리고 다른 감정을 느낀다. 어떤 브랜드는 가성비와 접근성, 또 어떤 브랜드는 고급 재료와 프리미엄 이미지를 내세운다. 이들이 같은 시장 안에서도 충분히 공존할 수 있는 이유는 각자의 방식으로 본질을 재해석하고 차별화했기 때문이다.

3) 내 것으로 만들기 — 재조합과 혁신

마지막 단계는 아이디어를 온전히 내 것으로 만드는 것이다. 단순히 아이디어를 차용하는 수준을 넘어, 자신의 경험, 지식, 기술, 관심사까지 융합해 독자적인 시스템이나 브랜드로 재탄생시키는 단계다. 이 단계에 이르면 기존의 초기 브랜드 모델과는 완전히 다른 색깔이 드러나기 시작한다. 고객이 가진 문제를 해결하는 '본질'은 유지하면서도, 해결 방식과 고객 경험은 완전히 새롭게 설계되는 것이다. 이 지점이 바로 '창조적 모방 Creative Imitation'이 이루어지는 순간이며, 시장 속에서 독립적인 존재로 자리 잡는 핵심 포인트가 된다.

당신이 바퀴를 만들 필요는 없다. 당신은 그 바퀴로 어떤 차를 만들고, 어디로 달릴지를 결정하면 된다.

4단계: 차별화하기

벤치마킹의 네 번째 단계는 차별화다. 더 자연스럽게 아이디어를 흡수하면서, 시장에서 새로운 제품이나 서비스로 주목받기 위해서는, 단순한 모방이 아닌 차별화와 리패키징 repackaging 과정이 필요하다. 이미 시장을 선점하고 있는 경쟁자들과 동일한 방식으로는 눈에 띄기 어렵다. 반드시 나만의 방식으로 차별화된 전략을 구사해야 한다.

그렇다면 어떻게 해야 소비자의 주목을 끌고 그들의 뇌리에 각인될 수 있는 브랜드나 제품을 만들 수 있을까? 방법은 의외로 단순하다. 경쟁자가 채택한 전략에 약간의 변형을 가미하는 것, 바로 이것이 차별화의 시작이다. 이러한 변형은 다양한 관점에서 접근할 수 있으며, 대표적으로 다음의 여섯 가지 방식이 있다.

1) 기술 혁신

고객들은 기능적인 탁월함과 신기술을 기대한다.

예시: 테슬라의 전기 자동차는 최첨단 배터리 기술을 도입해 장거리 주행과 빠른 가속력을 구현하며 기존 자동차 브랜드들과의 차별화에 성공했다.

2) 고객 서비스와 경험

훌륭한 고객 서비스는 고객들의 충성도를 높이고 긍정적인 평판을 형성한다.

예시: 신발 업체 Zappos는 24시간 연중무휴 고객 서비스와 365일 무료 반품 정책을 통해 고객 경험 자체를 경쟁력으로 만들었다.

3) 가격 및 가치 제안

더 합리적인 가격과 더 큰 가치는 강력한 고객 유인 요소가 된다.

예시: Costco는 대량 구매 시스템을 활용해 저렴한 가격에 고품질 제품을 제공함으로써 고객에게 명확한 가치를 전달한다.

4) 디자인 및 스타일

브랜드는 곧 인식이다. 외형만으로도 브랜드의 정체성과 매력을 표현할 수 있다.

예시: Apple의 MacBook은 얇고 가벼운 디자인으로 기술력뿐 아니라 미적 가치까지 전달하며 차별화에 성공했다.

5) 브랜딩과 이미지

브랜드의 철학과 정체성은 신뢰도와 인지도를 높이며 고객들과의 감정적 연결을 만든다.

예시: Patagonia는 환경 보호와 지속 가능한 생산을 브랜드 핵심 가치로 내세우며 깊은 신뢰와 인지도를 쌓았다.

6) 문화 및 지역적 맞춤성

지역 또는 문화에 맞춘 제품 및 서비스는 고객들과의 연결을 강화하여 현지 시장에서 성공할 수 있다.

예시: McDonald's는 세계 각국에서 지역의 입맛에 맞는 메뉴를 개발해, 글로벌 브랜드임에도 현지 시장에서 사랑받고 있다.

위의 예시들이 모두 대기업의 사례여서 개인은 적용하기 어렵다고 생각할 수도 있다. 이런 경우 앞서 벤치마킹 단계에서 수집한 경쟁자들이 실제 현장에서 어떻게 활동하고 있는지 구체적으로 살펴보는 것이 좋다. 그들의 장점을 선별적으로 취합하여 자신의 비즈니스에 적용하는 과정을 시도해 보자.

수익을
자동화하는 방법

    사업은 자동화가 되지 않으면 규모가 커질수록 더 어려워진다. 처리해야 할 일은 많아지는데 노동력과 시간은 한정돼 있기 때문이다. 반면, 내가 홍보와 마케팅에만 집중하고 판매와 제품 전달 과정이 자동으로 이루어지는 시스템을 구축할 수 있다면 훨씬 더 효율적으로 사업을 운영할 수 있게 된다.

    비즈니스 시스템을 구축하고 자동화하는 데는 인공지능 기술을 이용하는 것이 효율적이다. 우리는 디지털 시대에 살고 있다는 것과 인공지능 기술이 우리 삶에 도입된 것에 감사해야 한다. 만약 생산자의 길을 선택하지 않았다면 이러한 기술들은 무의미하게 느껴지거나 오히려 고용 안정성을 위협하는 대체재로 인식될 수 있었을 것이다. 하지만 자기만의 비즈니스를 구축하려는 사람에게 이러한 발전은 새로운 성공의 기회다.

자동화 비즈니스 구축에 있어 핵심은 SNS와 이메일 마케팅이다. SNS는 누구에게나 자신의 능력과 재능을 표현할 수 있는 무대를 제공하고, 실력만 갖추었다면 상당한 팬층을 확보하여 영향력을 행사할 수 있는 기회도 만들어준다. 가장 중요한 점은 자동으로 무한대의 사람들에게 자신의 콘텐츠를 홍보할 수 있다는 것이다. 이러한 측면에서 SNS는 강력한 자동화 도구라고 볼 수 있다. 그런데 아무리 충성도 높은 팬이라 해도, 판매만을 목적으로 하는 콘텐츠에 지갑을 열 사람은 많지 않을 것이다. 브랜드에 호감을 갖고 있던 팬이나 고객이라도 이러한 의도를 감지하는 순간 등을 돌릴 수도 있다.

그렇다면 어떻게 대중에게 접근해야 할까? 우선 그들에게 내가 먼저 가치를 제공하는 것이 중요하다. 대중이 좋아할 만한 자료나 영상을 콘텐츠로 만들어 대형마트의 시식 코너처럼 미리 경험하게 하는 것이다. 예를 들어, 내가 운영하는 '우선순위 습관 형성' 프로그램의 경우, 한 달간 무료로 체험할 수 있는 코드를 이메일로 발송했다. 이때 무작위로 코드를 제공한 것이 아니라, 코드와 그들의 연락처(이메일 주소)를 교환했다. 가장 중요한 것은 참여하고 싶어 하고, 관심이 있는 사람들에게만 발송해야 한다는 점이다. 관심이 없는 사람은 나를 판매원이나 스팸 메일을 보내는 사람으로 인식할 가능성이 높기 때문이다.

이메일을 수집했다면 적극적으로 그들과 소통해야 한다. 의미 있는 가치가 담긴 글이나 이미지, 영상을 주기적으로 보내고, 행사나 이벤트가 있을 때마다 그들과 라포rapport를 형성하며 자신의 제품이나 서비스를 소개하는 것이다. 이때 이메일 마케팅이 강력한 이유는 자동화가 가능하다는 점이다. 내부 설정만 해두면 새로 수집한 이메일 주소로 메일이 자동으로 발송된다. 그리고 이 메일 내용에 적절히 자신의 제품 링크를 포함시키면 자동화된 시스템에 의해 수익이 발생하게 되는 구조다.

이와 같은 SNS와 이메일 마케팅 전략을 구사할 때 주의해야 할 점은, 판매나 판촉 마케팅 활동은 이메일에서만 진행해야 한다는 것이다. 이메일과 달리 SNS는 나의 제품에 관심이 없는 사람도 방문하는 공간이기 때문에, 이곳에서 판촉을 진행

한다면 게시물의 노출과 관심도가 감소할 수 있으며 판매 중심의 크리에이터나 채널로 인식될 가능성이 높아진다. 반면, 계속해서 무료로 가치를 제공한다면 사람들은 당신을 판매자로 보기보다는 삶에 도움이 되는 정보와 자료를 제공하는 브랜드로 인식하게 될 것이다. 사람들은 무료 콘텐츠를 좋아하지만, 충분한 가치가 있다고 생각하는 것에는 기꺼이 비용을 지불한다.

일반적으로 사람은 돈을 지불할 때 자신의 재산을 빼앗기는 감정을 느낀다고 한다. 그래서 누군가가 소비를 부추기는 느낌을 주면 본능적으로 경계하면서 거리를 두게 된다. 하지만 자신을 도와주려는 사람에게는 마음을 열기 마련이다. 우리의 목표는 잠재 고객들에게 바로 이러한 감정을 느끼도록 하는 것이다.

정리하자면 SNS에서는 도움이 되는 무료 자료를 제공하고, 이메일에서는 정보와 함께 자연스럽게 구매를 유도한다. 이것이 이미지와 실익 모두를 챙기는 방법이다. 이러한 자동화 시스템은 비즈니스 성장의 핵심 동력이 되며, 창업자가 자신의 역량을 최대한 발휘할 수 있는 환경을 조성해준다. 디지털 시대의 장점을 최대한 활용하여 효율적인 비즈니스 구조를 만들어 나가는 것이 현대 비즈니스의 성공 비결이라 할 수 있다.

고객이 먼저 찾아오게 하라

이제는 트래픽을 만드는 작업을 시작해야 한다. 트래픽이란 쉽게 말해, 사람들이 내 콘텐츠나 웹사이트에 방문하는 흐름을 의미한다. 오프라인 가게에 손님이 들락거리는 것처럼, 온라인에서도 더 많은 사람이 내 채널이나 페이지를 찾아오도록 하는 것이 바로 '트래픽을 만든다'는 말의 의미다. 이 과정에 부담을 가질 필요는 없다. 우리는 무료로 가치 있는 자료를 제공할 것이기 때문이다. 그럼 관심이 있는 사람은 자연스럽게 관심을 가질 것이고, 그렇지 않은 사람은 계속 무관심할 것이다. 사람마다 특정 정보나 서비스가 필요한 시기가 다르다. 예를 들어, 어떤 사람은 지금 당장 다이어트 정보가 필요하지만, 또 어떤 사람은 몇 달 후에야 그 필요성을 느낄 수도 있다. 그것이 필요한 시기가 되었을 때 고객이 우리를 떠올린다면 그것만으로도 충분한 성과라고 할 수 있다.

성공적인 트래픽 생성의 핵심은 '가치 제공'에 있다. 세스 고딘Seth Godin의 '퍼미션 마케팅Permission Marketing' 이론에 따르면, 고객의 허락을 받아 마케팅을 진행할 때 가장 효과적인 결과를 얻을 수 있다. 세스 고딘은 전통적인 마케팅 방식이 사람들의 주의를 강제로 빼앗는 '인터럽션 마케팅Interruption Marketing'이라면, 퍼미션 마케팅은 고객이 먼저 관심을 보이고 허락한 경우에만 정보를 제공하는 방식이라고 설명한다. 즉, 단순히 무작위로 광고를 노출시키는 것이 아니라, 고객이 진정으로 필요로 하는 정보나 솔루션을 제공함으로써 자발적인 관심과 참여를 이끌어내는 것을 의미한다. 고객의 선택권을 존중하고 신뢰를 바탕으로 관계를 맺는 이 방식은 특히 디지털 환경에서 강력한 효과를 발휘하며, 장기적인 고객 충성도와 브랜드 신뢰를 구축하는 데도 유리하다.

그렇다면 어떻게 사람들의 관심과 시선을 끄는 콘텐츠를 만들 수 있을까? 우선 대표적인 SNS 플랫폼으로는 유튜브,

인스타그램, 틱톡 등이 있다. 그 외에도 페이스북, 트위터, 스레드, 링크드인 등 다양한 플랫폼이 존재하지만, 이 중 하나만 제대로 활용해도 충분한 성공 가능성이 있다. 내가 여러 차례 시도해 본 결과, 유튜브에서 인기를 얻었던 콘텐츠는 인스타그램과 틱톡에서도 비교적 좋은 반응을 얻었다. 이는 좋은 콘텐츠는 플랫폼을 가리지 않는다는 것을 보여주는 사례다. 그러나 각 플랫폼마다 고유한 분위기와 사용자 특성이 다르기 때문에, 주력 플랫폼 하나를 정하고, 나머지는 보조 채널로 활용하는 것이 좋다. 예를 들어 유튜브를 주력으로 삼고 인스타그램과 틱톡은 유튜브 콘텐츠의 하이라이트를 재편집해서 올리는 방식으로 운영하면 시간과 에너지를 효율적으로 사용할 수 있다.

효과적인 콘텐츠의 구성은 의외로 단순하다. 가장 기본적인 구조는 다음과 같다.

훅Hook → 솔루션Solution → 콜투액션Call to Action

'훅'은 콘텐츠의 첫머리에서 사람들의 관심을 단숨에 끌어당기는 장치를 말한다. 쉽게 말해, 독자나 시청자가 '이건 내 이야기인데?'라고 느끼게 만드는 문장이나 이미지, 영상의 첫 장면이 바로 훅이다. 훅이 존재하는 이유는 명확하다. 콘텐츠의 전체 내용을 아무리 잘 만들었더라도, 처음부터 주의를 끌지 못하면 그 다음은 읽히거나 보이지 않기 때문이다. 이것이 실패하면 사용자들은 곧바로 스크롤을 내려 다음 콘텐츠로 넘어갈 것이다. 현대인들의 집중력 지속 시간이 점점 짧아지고 있다는 연구 결과를 고려할 때, 강력한 훅의 중요성은 더욱 커지고 있다. 마이크로소프트 캐나다가 2015년에 발표한 연구에 따르면, 현대인의 평균 집중력 지속 시간은 8초에 불과하다고 한다. 이는 금붕어의 집중력(9초)보다도 짧은 시간이다. 따라서 첫 3~5초 안에 시청자의 관심을 끌지 못하면 그들을 잃게 될 가능성이 높다.

    훅의 형태는 다양하지만, 공통적으로 호기심을 자극하거나, 감정을 흔들거나, 문제를 제시하거나, 강렬한 질문을 던지는 방식이 효과적이다. 예를 들어 '당신이 매일 하고 있는 이 습관, 사실은 뇌를 망가뜨립니다'라는 문장은 공포와 호기심을 동시에 자극해 관심을 끌 수 있다. 또는 '단 3초 만에 집중력을 되찾는 방법'처럼 문제 해결을 암시하는 형태도 좋은 훅이 된다. 특히 영상 콘텐츠나 SNS 글에서는 텍스트 첫 문장, 영상의 첫 장면, 자막 한 줄이 훅의 역할을 한다. 이 짧은 순간에 시청자의 '멈춤'을 유도할 수 있다면, 콘텐츠 전체를 소비할 가능성도 높아진다.

효과적인 훅의 예시로는 다음과 같은 것들이 있다:

1. 질문형

- "저는 오늘 OO 국수집에 다녀왔는데, 혹시 가보신 적 있나요?"
- "제가 어제 경험한 일인데, 혹시 카페에서 노트북 배터리가 다 떨어진 상황 겪어보셨나요?"
- "만약 갑자기 1억이 생긴다면 어떻게 하시겠습니까?"

2. 충격 요법형

- "제가 새로운 마케팅 기법을 시도해 봤는데 정말 놀라웠어요!"
- "저는 잘못된 투자 습관 때문에 10년을 허비했습니다."
- "이 비밀을 미리 알았다면 절대 신용카드를 그렇게 사용하지 않았을 겁니다."

3. 스토리텔링형

- "지난주 금요일, 저에게 인생을 바꿀 만한 일이 일어났습니다. 평범한 출근길이었는데…"
- "3년 전 이맘때, 저는 완전히 바닥을 쳤습니다. 통장 잔고는 3만 원이었고…"
- "어제 우연히 만난 사업가가 제게 연 매출 10억을 만드는 비밀을 알려줬습니다!"

이러한 훅은 목소리나 텍스트로 제시할 수도 있고, 시각적으로 충격적인 영상이나 이미지로 표현할 수도 있다.

훅 다음에 오는 '솔루션'은, 사람들의 궁금증을 해결해 주는 핵심 부분이라고 할 수 있다. 솔루션이란 말 그대로 사용자가 '훅'을 통해 느낀 의문이나 불안, 혹은 기대에 대해 구체적인 답변을 제시하는 단계이며, 여기서 독자는 자신이 얻고자 했던 정보나 인사이트, 또는 해결책을 얻게 된다. 이 과정은 단순히 정보만 나열하는 것이 아니라, 사용자가 '그래서 어떻게 해야 하지?'라는 질문을 던졌을 때 바로 이어질 수 있는 실질적인 가이드를 제공할 수 있어야 한다. 핵심은 문제 해결의 방향성과 실천 가능한 구체성이다.

짧은 콘텐츠에서는 한 문장 또는 짧은 팁 하나로 솔루션이 구성되기도 하지만, 긴 콘텐츠에서는 사례, 데이터, 인용, 경험담 등을 활용해 설득력을 더할 수 있다. 예를 들어 '훅'에서 "이 습관은 당신의 집중력을 망가뜨립니다!"라고 말한 뒤, 솔루션에서는 "스마트폰의 푸시 알림을 끄는 것만으로 집중력이 최대 2배까지 향상된다는 연구 결과가 있습니다"처럼, 구체적인 정보와 실천 방법을 제시하면 된다.

또한 좋은 솔루션은 정보의 양보다 전달 방식이 중요하다. 텍스트라면 핵심 문장을 강조하거나 흐름에 따라 문단을 잘라내는 구성, 영상이라면 적절한 자막과 화면 전환, 이미지라면 시각적으로 명확한 인포그래픽 등을 활용하면 솔루션이 보다 쉽게 이해되고 기억에 남는다. 중요한 것은 이 단계에서 독자가 '이 콘텐츠는 나에게 가치가 있다'고 느껴야 한다는 점이다. 그래야만 다음 단계인 '콜투액션'으로 자연스럽게 이어질 수 있다.

솔루션은 내가 4년간 영상 콘텐츠 제작을 위한 대본을 작성하면서 가장 많이 고민했던 영역이기도 하다. 짧은 형식(숏폼) 콘텐츠에서는 보통 '훅-솔루션-콜투액션'이 30초에서 1분 이내에 완료되지만, 10분이 넘는 긴 형식(롱폼)의 영상에서는 더 복잡한 구조가 필요하다.

훅 → 솔루션 → 연결 훅 → 솔루션 → 연결 훅 → 솔루션 → ⋯ → 콜 투액션

이는 조너선 갓셜 Jonathan Gottschall 의 《스토리텔링 애니멀》에서 말하는 이론과도 맥락을 같이 한다. 고트셜은 이 책에서 인간은 단순한 정보보다, 이야기 속에서 의미를 찾고 감정을 이입하며, 이야기라는 형식을 통해 세상을 이해하려는 존재라고 설명한다. 그는 인간의 뇌가 이야기를 단순히 즐기는 수준을 넘어, 현실을 구조화하고 예측하기 위한 본능적 도구로서 활용한다고 주장한다. 특히 사람은 미완성된 이야기나 열린 결말에 대해 심리적으로 불편함을 느끼며, 그 결말이 어떻게 흘러갈지를 끝까지 확인하고자 하는 욕구를 지닌다.

이런 본능적 특성은 롱폼 콘텐츠 구성에도 그대로 적용된다. 단순히 정보를 나열하기보다, 각 솔루션 사이에 작은 연결 훅을 배치함으로써 시청자가 '다음은 어떻게 되는 거지?'라는 궁금증을 느끼게 만들고, 그 궁금증을 풀어주는 방식으로 콘텐츠를 설계하면 훨씬 높은 시청 지속률과 몰입을 유도

할 수 있다.

롱폼 콘텐츠의 구체적인 구성을 예로 들어보겠다.

시작 훅: "제가 최근에 경험한 일인데, 정말 충격적이었습니다! 단 한 달 만에 온라인 쇼핑몰 매출이 200% 증가했거든요."

솔루션: "바로 이메일 마케팅 자동화 시스템을 도입했기 때문입니다. 하루에 단 30분만 투자했을 뿐인데 이런 결과가 나왔죠."

연결 훅: "그런데 이것이 어떻게 가능했는지 아시나요? 대부분의 사람들이 이메일 마케팅을 잘못 이해하고 있기 때문입니다."

솔루션: "핵심은 고객의 구매 루트를 정확히 파악하고, 각 단계에 맞는 맞춤형 메시지를 자동으로 전송하는 것이었습니다."

연결 훅: "그렇다면 고객의 구매 루트는 어떻게 파악할 수

있을까요? 제가 사용한 3단계 시스템을 알려드리겠습니다."

솔루션: "첫째, 웹사이트 행동 분석 툴을 활용해 고객의 관심사를 파악합니다. 둘째, 이메일 개봉률과 클릭률을 분석해 관심도를 측정합니다. 셋째…"

이런 방식으로 꼬리에 꼬리를 물고 질문과 답변이 이어지면서 시청자의 관심을 지속적으로 유지한다. 물론 시간이 지날수록 일부 이탈자가 발생하는 것은 피할 수 없겠지만, 이는 자연스러운 현상이다. 효과적인 콘텐츠를 만들기 위해서는 이미 성공한 사례를 면밀히 분석하는 것이 중요하다. SNS에서 인기를 얻은 영상을 하나 선택해 다음과 같은 요소들을 살펴보자.

1. **초반 3초의 전략**: 어떤 방식으로 시청자의 주의를 끌었는가? 충격적인 문구인가, 호기심을 자극하는 질문인가?
2. **스토리 구조**: 정보를 어떤 순서로 전달하고 있는가? 연대기적 순서인가, '문제-해결' 구조인가?
3. **감정적 요소**: 어떤 감정을 자극하고 있는가? 공감, 놀라

움, 분노, 희망 등 어떤 감정을 활용하는가?
4. **시각적 요소**: 어떤 시각적 장치를 활용하고 있는가? 자막, 그래픽, 전환 효과 등을 어떻게 사용하는가?
5. **음향 요소**: 배경음악이나 효과음을 어떻게 활용하고 있는가? 긴장감을 조성하거나 감정을 고조시키는 데 어떻게 활용하는가?

이때 로버트 치알디니Robert Cialdini가 《설득의 심리학》에서 제시한 6가지 설득의 원칙은 트래픽 생성에도 적용할 수 있다. '설득의 대부'로 불리는 로버트 치알디니는 사람이 왜 어떤 메시지에는 쉽게 설득당하고, 어떤 메시지에는 저항감을 갖는지를 연구한 설득 심리학 분야의 세계적인 권위자다. 그의 연구는 광고, 영업, 정치, 콘텐츠 마케팅 등 설득이 중요한 모든 분야에서 널리 활용된다. 그가 제시한 6가지 설득의 원칙은 다음과 같다.

1. **상호성**Reciprocity: 무료로 가치 있는 콘텐츠를 제공함으로써 호혜성을 자극. 예를 들어, 무료 가이드북이나 템플릿을 제공하면 사람들은 보답하고 싶어 한다.

2. **일관성**Consistency: 정기적인 콘텐츠 업로드로 신뢰성 구축. 매주 수요일 오후 6시에 새 영상을 올린다면, 구독자들은 그 시간을 기대하게 된다.

3. **사회적 증거**Social Proof: 구독자 수, 좋아요 수, 댓글 등을 활용하여 다른 사람들도 이 콘텐츠를 좋아한다는 것을 보여준다.

4. **호감**Liking: 친근하고 진정성 있는 콘텐츠로 호감도 상승. 실수나 약점도 솔직하게 공유하면 오히려 신뢰를 얻는다.

5. **권위**Authority: 전문성을 보여주는 콘텐츠로 신뢰 구축. 자격증, 경력, 실제 성과 등을 자연스럽게 언급한다.

6. **희소성**Scarcity: 한정된 기회나 정보로 긴급성 부여. "이 파일은 곧 비공개로 전환될 예정입니다"와 같은 메시지를 활용한다.

지금까지 우리는 우리가 가진 경험, 지식, 노하우, 스킬, 흥미를 이용해 비즈니스 아이템을 구성하고, 나와 비슷한 자원을 가진 사람들이 어떻게 사업을 운영하고 있는지 벤치마킹하는 방법을 배웠다. 그리고 SNS와 이메일 마케팅을 통해 수익을 자동화하는 방법과 구조를 살펴보았고, 마지막으로 SNS를 활용해 트래픽을 만드는 방법까지 알아보았다.

이러한 온라인 비즈니스의 가장 큰 장점은, 한 번 시스템을 구축해놓으면 이후부터는 다양한 방식으로 비즈니스를 확장할 수 있다는 점이다. 한마디로 복제가 쉽고, 확장에는 한계가 없다. 온라인 사업을 시작했다면 이러한 장점을 최대한으로 이용해야 한다. 다음 장에서는 무엇을 복제하고 확장해야 할지 알아볼 것이다.

나만의 성공 시스템을 확장하라

이제 클로닝 단계에 접어들었다. 클로닝cloning, 즉 '복제'라고 하면 뭔가 거창하게 느껴질 수도 있을 것이다. 왠지 정교한 기계를 대량으로 찍어내는 공장의 이미지가 떠오를지도 모른다. 하지만 여기서 말하는 복제는 그런 기술적인 개념이 아니라, 이미 효과를 입증한 시스템을 다시 한번 작동시키는 것을 말한다. 한번 성공한 구조를 다른 영역에서 동일하게 활용하는 것이다. 단순히 '복붙'처럼 기계적으로 따라 하는 것이 아니라, 검증된 방식을 새로운 시장이나 타깃에 맞게 유연하게 복제하고 적용하는 전략이다.

참고로 클로닝이라는 말의 원래 뜻은 생명공학에서 유래했다. 유전적으로 동일한 생명체를 복제하는 기술을 가리키는 용어다. 하지만 비즈니스에서의 클로닝은 조금 다르다. 여기서는 콘텐츠, 제품, 마케팅 시스템처럼 한 번 작동이 검증된 구조를 그대로 살리되, 타깃 고객이나 플랫폼만 바꾸어 새롭게 활용하는 전략을 뜻한다. 핵심은 '한번 만든 성공 구조를 낭비하지 않고 다시 써먹는 것'이다.

예를 들어, 어떤 사람이 피부 고민을 해결해주는 제품으로 온라인 사업을 시작해 성공했다면, 그 시스템을 기반으로 다른 시장에 진입할 수 있다. 처음에는 미국 시장을 겨냥했다면, 다음은 일본이나 유럽 시장으로 확장해 볼 수 있을 것이다. 온라인 기반이기 때문에 더욱 빠르고 수월하다. 만약 오프라인 사업이었다면, 한 지점을 새로 여는 데 수억 원의 추가 자본이 필요했을 것이다. 하지만 온라인에서는 제품은 그대로 두고, 언어나 문화에 맞춰 마케팅 요소만 조정하면 된다. 광고 구조, 이메일 흐름, 판매 페이지 구성, 자동화된 결제, 배송 시스템까지 모두 동일하게 두고 타깃만 바꾸는 식이다. 이것이 바로 '클로닝 전략'이다.

나는 이 방식으로 지금까지 온라인 비즈니스 3개와 오

프라인 비즈니스 1개를 직접 운영해 봤다. 그리고 현재도 연 8,000만 원 규모의 온라인 비즈니스를 유지 중이다. 누군가는 이렇게 말할지도 모른다. "매출이 그렇게 많지는 않네요?" 하지만 중요한 포인트는 내가 이 사업을 위해 들이는 시간이 하루에 단 2시간뿐이라는 사실이다. 하루 2시간만 투자해서 이 정도 수익이 나온다면 시도해 볼 만하지 않은가?

여기서 더 많은 수익을 내고 싶다면 방법은 간단하다. 트래픽 머신을 더 돌리면 된다. 이미 갖춰진 구조에 더 많은 유입만 흘려보내면 매출은 자동으로 따라온다. 그리고 이 시스템이 하나라도 잘 작동하면, 그대로 복제해 다른 시장이나 고객층에도 적용하는 확장을 반복할 수 있다. 예를 들어보자. 과거 내 유튜브 채널을 도와줬던 한 친구는 얼굴을 드러내지 않고 하는 유튜브 채널 운영법을 배운 뒤, 자신만의 채널을 만들었다. 그리고 2년 만에 12개의 채널을 운영하며 월 순이익 1,000만 원을 달성했다. 최근에는 AI 툴이 발전하면서 콘텐츠 제작 시간이 크게 줄었다고 한다. 그는 카테고리도 바꾸지 않았다. 특정 키워드로 검색하면 여러 유튜브 채널이 나오는데, 모두 그가 만든 것이다. 콘텐츠는 다르지만 시스템은 같다. 결국 고객은 여러 채널을 본다고 생각하겠지만 모든 채널의 주인은 한 사람이다. 이것이 바로 클로닝 전략의 위력이다.

또 다른 확장 방식도 있다. 고객의 니즈에 따라 비즈니스 형태를 다양하게 변형할 수 있다. 예를 들어, 하나의 콘텐츠 기반 시스템을 만들었다면, 그것을 전자책, 1:1 코칭, 단체 강의, 온라인 강의, 실물 제품 판매, 커뮤니티 운영, 멤버십 서비스 등으로 무한히 확장해 사용할 수 있다.

이커머스 사업이라면 제품군을 넓히는 방식으로 클로닝이 가능하다. 미백 비누로 성공했다면 같은 고객층을 대상으로 미백 세럼이나 미백 마스크팩을 출시할 수 있을 것이다. 제품은 다르지만 구조는 동일하다. 트래픽 유도 방식, 고객 전환 흐름, 구매 후 이메일 시스템까지 그대로 유지할 수 있다. 이렇게 하면 '한 번 만든 성공'을 계속 활용할 수 있다.

이미 눈치챘겠지만, 같은 카테고리를 계속 공략하는 것이 유리하다. 왜냐하면 우리는 트래픽 머신을 통해 리드lead를 수집했기 때문이다. 리드란, 잠재 고객의 이름, 연락처, 이메일 같은 정보를 말한다. 이 정보는 특정 관심사로 인해 수집된 것이기 때문에, 해당 카테고리 안에서만 여러 번 활용할 수 있다. 카테고리가 바뀌면 처음부터 다시 고객을 모아야 한다. 시간과 비용이 많이 든다. 이미 확보한 리드 자산을 가장 효율적으로 활용하는 방법은, 일관된 카테고리 내에서 콘텐츠와 제품을 반복 노출하는 것이다.

시스템은 만들기 전까지가 어렵다. 하지만 한 번 만들고 나면, 그 시스템은 계속 나를 위해 일한다. 이 시스템을 복제하고 확장하는 순간, 우리는 '시간을 갈아 넣는 삶'에서 벗어나 '시간을 설계하는 삶'으로 나아갈 수 있다. 이것이 클로닝이 주는 진짜 힘이다.

지금까지 우리는 아이디어를 발굴하고, 벤치마킹하며, 마케팅하고, 자동화하는 전체 과정을 살펴보았다. 이제 남은 것은 오직 실행뿐이다. 그런데 여기서 우리가 주목해야 할 중요한 통계가 하나 있다. 실제로 배운 내용을 실행에 옮기는 사람은 전체의 10%에 불과하다는 사실이다. 즉, 100명이 이 책을 읽어도 실제로 시도하는 사람은 10명뿐일 것이라는 의미다. 이것이 바로 이 분야가 여전히 도전할 만한 가치가 있는 이유다.

더욱 놀라운 것은 실행한 10명 중에서도 꾸준히 지속하는 사람은 단 1명뿐이라는 점이다. 결과적으로 전체의 1%만이 시장의 대부분을 차지하게 되는 것이다. 이는 비단 비즈니스뿐만 아니라 모든 분야에서 공통적으로 나타나는 현상이다. 파레토의 법칙(80:20 법칙)이 여기서도 적용되며, 실제로는 더 극단적인 형태인 99:1 법칙으로 나타나는 것이다.

이 책을 읽는 당신이 앞으로 성공할지 실패할지는 누구도 단정할 수 없을 것이다. 성공과 실패는 시장의 흐름, 개인의 경험, 타이밍, 운 등 수많은 변수들이 얽혀 만들어지는 결과이기 때문이다. 하지만 분명한 사실이 하나 있다. 무엇을, 어떻게 꾸준히 실천해 나가야 하는지를 알고 있는 사람과 모르는 사람 사이에는 결코 좁힐 수 없는 차이가 존재한다는 점이다.

다음 장에서는 당신이 설정한 목표, 혹은 지금까지 배운 사업 구조를 바탕으로, 그것을 구체적인 실행 계획으로 쪼개고 현실 가능한 액션 플랜으로 설계하는 방법을 다룰 것이다. 이 과정을 통해 지금껏 막막하게만 느껴졌던 목표가, 어느 순간 "할 수 있겠는데?!"라는 확신으로 바뀌게 될 것이다.

나 역시 시작은 평범한 직장인이었다. 새로운 도전을 두려워하고, 실패를 걱정하던 사람이었다. 그러나 지금은 다양한 분야의 사업에 끊임없이 도전하고 있으며, 그 과정에서 성장하고 있다. 내 변화의 원천은 단순한 용기나 투지가 아니라, 체계적인 사고와 시스템의 힘이었다. 다음 장에서는 그 구체적인 변화의 과정을 공유할 것이다. 막연한 열정이 아니라, 명확한 방향성과 실천 전략이 어떻게 현실을 바꾸는지 그 여정을 함께 따라가 보자.

PART 5

ONE ROUTINE
변화가 멈추지 않도록
실행을 습관으로 만들기

작은 행동이 큰 목표를 이룬다

많은 사람이 실행의 중요성을 알고 있음에도 불구하고 실제로 행동에 옮기는 데 어려움을 겪는다. 새로운 것을 배우고 나에 대해 알아가는 일은 흥미롭고 자극적이다. 그러나 머릿속에 그린 미래를 현실로 만들어내는 과정은 결코 쉽지 않다. 실행은 단순한 선택이 아니라, 의지와 지속력이 요구되는 긴 여정이기 때문이다.

이제부터 우리는 그 여정을 시작하게 된다. 하지만 출발에 앞서, 실행이라는 과정에서 우리가 반드시 마주하게 될 현실적인 장벽들을 짚고 넘어가야 한다. 준비되지 않은 채 시작한다면, 작은 유혹이나 방해에도 쉽게 길을 잃을 수 있기 때문이다.

실행의 여정에는 수많은 유혹과 좌절, 실패와 실망이 도사리고 있다. 그리고 그 모든 요소는 당신이 예상한 것보다 훨씬 더 빈번하고 강력하게 다가올 것이다. 가장 가까이에 있는 스마트폰은 물론, 함께 일하는 동료나 친구, 가족조차도 의도치 않게 당신의 흐름을 끊고 집중력을 흐트러뜨릴 수 있다. 몇 분, 몇 시간, 때로는 몇 년의 시간을 빼앗기도 한다.

생산성 전문가 칼 뉴포트Cal Newport는 그의 책 《딥 워크》에서 '깊은 일은 산만함의 반대에서 시작된다Deep work is the opposite of distraction'고 말한다. 정보의 과잉과 방해 요소로 가득한 시대에 몰입의 중요성을 강조하고 있는 것이다. 정리되지 않은 정보와 결정되지 않은 선택지, 그리고 무분별하게 열려 있는 디지털 창들 모두가 당신의 집중을 방해하는 실질적인 원인이 된다. 이런 혼란은 우리의 정신적 에너지를 갉아먹고, 결국 실행력을 약화시킬 것이다.

그렇다면 이런 방해 요소들 속에서도 방향을 잃지 않고 실행을 이어가려면 어떻게 해야 할까? 먼저 자신이 어디로 향하고 있는지, 무엇을 해야 하는지를 명확하게 인식해야 한다.

그리고 무엇보다도 자신의 시간을 지켜낼 수 있어야 한다. 우리에겐 앞서 설정한 목적의식과 핵심 가치가 그 기준점이 될 것이다. 그리고 이에 기반한 5년 계획, 1년 계획, 한 달 계획, 이번 주 계획, 그리고 오늘 하루의 계획이 당신이 방향을 잃지 않도록 도와줄 것이다.

아마도 이런 계획 수립 방법은 다른 자기계발서를 통해 이미 여러 차례 접해 봤을 것이다. 하지만 대부분의 책에서 간과하고 있는 중요한 사실이 하나 있다. 바로 이 모든 계획이 '하나의 방향'으로 일관되게 연결되어 있어야 한다는 점이다. 그리고 또 하나, 이 계획에는 반드시 '우선순위'라는 개념이 포함되어야 한다. 단순히 해야 할 일의 목록을 나열하는 것이 아니라, 지금 이 순간 무엇이 가장 중요한지, 어떤 선택이 본질에 가까운지를 구분할 수 있어야 한다. 이것이 흔들리지 않는 실행력을 만들어낸다.

우리의 실행을 방해하는 요인은 또 있다. 사람들은 보통 큰 목표와 계획을 세우는 것에 부담을 느껴 늘 작은 목표와 계획에 머문다. 큰 목표를 세우지 못하는 이유는 결국 두려움 때문이다. 큰 계획은 더 많은 노력과 책임을 필요로 하고, 그 무게는 우리의 마음을 짓누른다. 그래서 우리는 자꾸 작고 가벼운 것을 선택한다. '이 정도면 괜찮아', '이게 현실적이지' 같은 말로 스스로를 납득시키며, 마음속에 있는 진짜 열망을 애써 외면한다. 심리학자들은 이런 현상을 '회피 행동-avoidance behavior'이라고 부른다. 우리의 뇌는 불확실성과 실패의 가능성을 마주했을 때, 자동적으로 안전하고 익숙한 선택지를 찾도록 설계되어 있다는 것이다.

문제는 목표가 작은 것이 아니다. 진짜 문제는 진심으로 원하는 것을 회피하기 위해, 두려움을 감추기 위해 만들어낸 그럴듯하게 '축소시킨 계획'이다. 결국 당신을 멈추게 하는 건 두려움 그 자체가 아니라, 그 두려움을 외면하고 타협한 '합리적인 핑계'일 수 있다.

물론 매일매일 소소한 것에 만족하며 살아가는 삶도 분명 의미 있다. 하지만 그런 삶조차 결코 쉬운 일은 아니다. 조용하고 단순해 보이는 삶을 꾸준히 이어가기 위해서는 든든한 기반이 필요하다. 예를 들어, 회사를 다니며 적당한 월급으로 소박한 삶을 살고 싶다면, 그 회사를 오래 다닐 수 있는 경쟁력을 갖춰야 하거나, 회사를 그만두더라도 경제적 지원을 받을 수 있는 주변 환경이 뒷받침되어야 한다. 생활비를 지원해줄 든든한 부모를 두었거나 매달 꾸준한 현금 흐름을 만들어줄 부동산과 같은 자산이 필요할 수도 있다.

결국, 당신이 바라는 아주 작은 소망조차도 그것을 지속할 수 있는 '더 큰 기반'을 필요로 한다는 것이다. 그렇기에 우리는 처음부터 인생을 장기적인 시야로 바라봐야 한다. 큰 그림을 그리고, 그 안에서 하루하루 삶을 쌓아나가야 한다. 작게 사는 삶조차 그 자체로 큰 비전을 필요로 한다는 것을 잊지 말아야 한다.

이번 파트에서는 큰 목표를 세우되, 작게 시작하는 방법에 대해 알아볼 것이다. 매일의 작고 단순한 행동들이 결국 당신의 큰 목표를 자연스럽게 이뤄내는 방식에 대해 말해 보려고 한다.

한 번에 하나씩 집중하라

이제부터 우리의 목표는 5년 후의 목표를 이루기 위해, 지금 당장 무엇에 집중해야 하는가를 찾아내는 것이다. 당신은 5년 뒤 당신만의 집을 갖고 싶을 수 있다. 그렇다면 지금 당장 무엇을 해야 할까? 혹은 5년 뒤 10억 매출의 사업을 운영하는 CEO가 목표라면, 지금 무엇을 해야 할까?

당연히 막연할 것이다. 머릿속이 안개로 뒤덮여 있는 것처럼 선명하게 그림이 그려지지 않을 것이다. 누구나 그렇다. 그래서 우리는 5년 목표를 작게 쪼개 세분화해야 한다. 먼저 다음의 질문에 답해 보자.

- 5년 목표를 달성하기 위해 1년 후에는 어느 정도의 위치에 도달해야 할까?
- 1년 목표를 달성하기 위해 이번 달에는 어느 정도의 목표를 달성해야 할까?
- 이번 달 목표를 달성하기 위해 이번 주에는 어느 정도의 목표를 달성해야 할까?
- 이번 주 목표를 달성하기 위해 오늘 무엇을 끝내야 할까?

인지과학 연구에 따르면, 우리의 뇌는 큰 과제보다 작은 단위로 나눠진 과제에 더 효과적으로 반응한다. 이를 '청크화 chunking'라고 한다. 복잡한 정보나 작업을 더 작고 관리하기 쉬운 단위로 분해하는 과정이다. 이렇게 나눠진 작은 목표들은 각각 달성할 수 있어 보이기에 우리의 실행 의지를 높여준다. 하나씩 이뤄나가는 과정에서 성취감도 더 자주 경험할 수 있다. 청크화는 원래 기억력 향상을 위한 전략으로 알려졌지만, 최근에는 생산성과 행동 심리학에서도 널리 활용되고 있다.

다음 장의 이미지는 실제로 내가 그려봤던 5년 계획이다. 지금은 핵심 가치와 목적의식이 송두리째 바뀌어 다른 그림을 그리게 되었지만, 3년간 이 그림을 보며 그 어떤 혼란 없이 하루 목표에만 집중하며 살 수 있었다. 단연코 이 그림을 보며 살았던 3년은 내가 나아가야 할 방향에 확신이 넘쳤던 시기였다. 물론 지금은 더 큰 그림을 그리면서 확신을 가지고 나아가고 있다.

최종 목표
성공 전략을 연구하는 국내 최대 교육 브랜드로 자리매김한다.
(전 국민 '원씽' 개념 탑재)

5년 목표
메인 교육, 워크숍 프로그램 5개 운영(연 50억 매출)

1년 목표
최적화 워크숍 1년 4회 이상 시행, 동시 참가자 수 30명까지 증대(온라인화)

한 달 목표
직원 채용, 온라인 시스템화(줌)

한 주 목표
온라인 소프트웨어(줌) 사용법, 줌 라이브 강의 기획(주제, 시간 등)

목표를 세우는 데 있어 가장 중요한 것은, 바로 '막연하지 않게' 만드는 것이다. 이때 유용하게 활용할 수 있는 것이 바로 'SMART' 기법이다. SMART는 'Specific(구체적이어야 하고)', 'Measurable(측정 가능하며)', 'Achievable(달성 가능하고)',

'Relevant(목표와 관련 있으며)', 'Time-bound(기한이 명확해야 한다)'라는 다섯 가지 기준을 뜻하는 영문의 줄임말로, 목표를 설정할 때 이를 기준으로 삼으면 훨씬 더 실현 가능하고 명확한 계획을 세울 수 있다. 이 개념은 1981년 미국의 경영 컨설턴트인 조지 T. 도런 George T. Doran이 처음 제안한 것으로, 원래는 기업의 경영 목표 설정을 위한 도구였지만, 지금은 개인의 삶과 자기계발에도 널리 사용되고 있다. SMART 기법은 특히 막연한 욕망이나 추상적인 포부를 구체적인 실행 계획으로 전환하는 데 있어 강력한 도구가 된다.

S - Specific(구체적이어야 한다)

목표는 구체적일수록 좋다. 예를 들어 '운동을 열심히 하겠다'는 목표보다는 '주 3회, 헬스장에서 1시간 웨이트 트레이닝을 하겠다'처럼 구체적으로 적는 것이 중요하다. 막연하면 실천이 어렵고, 포기하기도 쉽다.

M - Measurable(측정 가능해야 한다)

숫자나 기준이 있어야 한다. '책을 많이 읽겠다'가 아니라, '이번 달에 책 2권 읽기'처럼 진행 여부를 체크할 수 있어야 한다. 그래야 멈추지 않고 계속할 수 있다.

A - Achievable(달성 가능해야 한다)

너무 비현실적인 목표는 오히려 동기를 꺾는다. 예를 들어, 운동을 한 번도 안 하던 사람이 '한 달 안에 10kg 감량!' 같은 목표를 세우면 몸도 마음도 지치고 결국 포기하게 될 것이다. 지금 내 상황에서 충분히 도전 가능하면서도 무리 없는 수준이어야 한다.

R - Realistic(현실적이어야 한다)

'내가 이것을 왜 해야 하는가'를 스스로 설명할 수 있어야 한다. 의미 없는 목표는 쉽게 흔들린다. 남들이 하니 나도 사업을 해야겠다고 생각해 무작정 '창업하기' 같은 목표를 세운다면 금방 동력이 떨어질 것이다. 나만의 이유와 목적이 있는 목표여야 꾸준히 갈 수 있다. 이를 위해 핵심 가치와 목적의식을 디테일하게 잡아야 하는 것이다.

T - Time bound(기한이 정해져 있어야 한다)

언제까지 목표를 달성할 것인지가 명확해야 한다. '언

젠가 시간이 될 때'는 절대 오지 않는다. '3월 30일까지 블로그 글 5편 작성'처럼, 마감일이 있는 목표가 행동을 불러일으킨다.

목표 설정에 있어 또 하나 중요하게 고려해야 할 것은 '가치 정렬'이다. 설정된 목표가 당신의 핵심 가치와 일치하는지 확인하는 것이다. 가치와 일치하지 않는 목표는 종종 내적 저항을 만들어내기 때문이다. 그리고 이는 실행 과정에서 무의식적인 자기 방해로 이어질 수 있다. 목표를 확립하기 전에 당신이 설정한 그 목표가 정말 당신의 가치와 맞는지, 그리고 그것을 이루었을 때 진정으로 만족감을 느낄 수 있을지 자문해 보자.

너무 복잡하게 느껴지는가? 위의 SMART 기법을 녹여내면서도 당신의 핵심 가치를 자문해 볼 수 있는 단순한 질문 두 가지를 알려주겠다. 우선 떠오르는 대로 막연한 목표를 생각해 보자. 예를 들어 다음과 같은 목표를 떠올렸다고 해보자.

"난 부자가 되고 싶어"

누가 봐도 막연한 목표다. 이를 위해 무엇을 어떻게 해야 할지 전혀 떠오르지 않는다. 이렇게 막연한 목표를 세웠을 때는 다음의 질문에 답하면서 생각을 정리해 보자.

1. 어떻게 해야 부자가 된다고 생각하는가?

즉, 내가 생각하는 '부자'의 개념을 정의해야 한다. 누군가는 통장에 10억이 있으면 부자라고 생각할 수 있다. 또 누군가는 매달 통장에 1,000만 원이 꾸준히 들어오는 것이 부자의 삶이라 생각할 수 있다. 생각은 자유다. 당신만의 정의를 내리는 것이다.

이 질문에 의해 '월 1,000만 원씩 통장에 입금되는 것'이 내가 생각하는 부자의 삶이라고 정의내렸다고 해보자. 이걸 '결과 목표'라고 한다. 결과 목표가 나왔다면, 이제 다음의 질문을 던져야 한다.

2. 그것을 달성하려면 무엇을 해야 하는가?

월 1,000만 원씩 통장에 입금되도록 하려면 무엇을 해야 할까? 지금 당신이 다니고 있는 회사의 월급으로 가능할까? 지금 당신이 하고 있는 주식 투자로 가능할까? 지금 당신이 하고 있는 부동산 투자로 가능할까? 아니면 새로운 무언가를 시작해야 할까? 그때부터 뇌는 생각하기 시작한다. 그렇게 계속해서 다양한 방법을 떠올리면 상황에 맞는 솔루션이 나오기 시작할 것이다.

세계 최고 신경과학자 중 한 명이라 불리는 앤드류 후버만Andrew Huberman에 따르면, 질문을 통해 우리 뇌의 망상활성계RAS를 자극하면, 뇌가 그 질문에 대한 해답을 찾도록 프로그래밍된다고 한다. 즉, 위와 같은 구체적인 질문을 자신에게 던지는 것만으로도 뇌는 자동적으로 해결책을 찾기 시작한다는 것이다.

만약 이를 통해 3-5개의 방법이 떠올랐다고 생각해 보자. 하지만 이것을 한 번에 모두 시도할 수는 없을 것이다. 우리의 시간과 에너지는 한정적이기 때문이다. 목표 달성을 위해서도 우선순위가 절대적으로 필요하는 것이다.

우선 당신이 시도할 수 있는 것 중에서 가장 잘할 수 있고, 가장 편하게 할 수 있고, 가장 가능성이 높은 것 하나를 선정하라. 그것이 1순위다. 만약 쉽게 선택되지 않는다면, 3장에서 정리한 당신의 핵심 가치와 목적의식을 다시 살펴보자. 그리고 4장에서 기록한 당신의 경험과 강점을 되짚어보면, 분명 실마리가 보일 것이다. 그리고 앞서 자문했던 두 질문, '어떻게 해야 부자가 된다고(목표가 달성된다고) 생각하는가?(막연한 목표에 사용)', '그것을 달성하려면 무엇을 해야 하는가?(결과 목표에 사용)'에 답하면서 정답이 나올 때까지 적어 내려가라. 5년 목표부터 시작해서 오늘 해야 할 목표까지 적어보자.

이 과정을 '리버스 도미노 테크닉Reverse Domino Technique'이라고 부른다. 이 개념은 말 그대로 도미노를 거꾸로 세우듯, 미래의 최종 목표에서 출발해 현재 해야 할 일까지 거슬러 내려오며 계획을 세우는 방식이다. 최종 도미노가 쓰러지는 순간을 상상하고, 그 순간에 이르기 위해 어떤 도미노가 그 앞에 있어야 할지를 하나하나 연결해 보는 것이다. 이렇게 하면 막연했던 미래의 목표가 오늘 하루의 구체적인 행동으로 바뀔 수 있다. 그렇게 현재 해야 할 일에만 집중해도 자연스럽게 다음 도미노들이 쓰러지며 목표에 도달할 수 있게 된다.

5년 뒤 미래를 바라보면서 하루를 살아가면 오히려 집중력이 흩어진다. 5년 뒤 미래는 '따라올 결과'일 뿐이다. 우리가 집중해야 할 것은 지금 이 순간의 목표이고, 리버스 도미노 방식으로 연결된 현재의 작은 행동들이다.

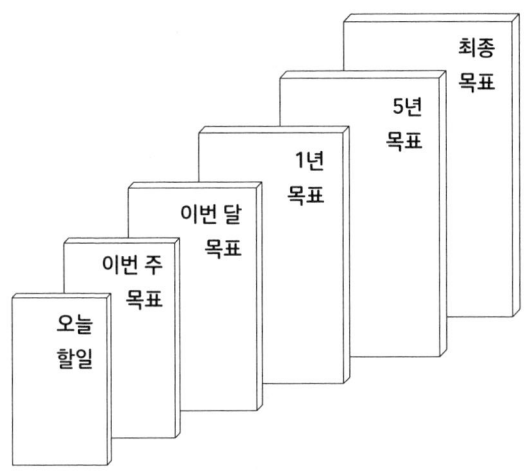

이제 지금까지 말한 내용을 바탕으로 다음 장의 리버스 도미노 플랜 시트를 작성해 보자.

〈'리버스 도미노' 방식을 통한 목표 세분화 과정〉

최종 목표
당신의 최종 목표는 무엇인가?(목적의식과 핵심 가치와 연관하여 생각해 보라.)

5년 목표
'최종 목표'를 달성하기 위해 5년 안에 최소한 어디까지 도달해야 할까?

1년 목표
'5년 목표'를 달성하기 위해 1년 동안 최소한 어디까지 도달해야 할까?

한 달 목표
'1년 목표'를 달성하기 위해 한 달 동안 할 수 있는 '단 한 가지'는 무엇인가?

한 주 목표
'한 달 목표'를 달성하기 위해 한 주 동안 할 수 있는 '단 한 가지'는 무엇인가?

하루 목표
'한 주 목표'를 위해 오늘 바로 할 수 있는 '단 한 가지'는 무엇인가?

이와 같은 과정을 통해 오늘의 목표 한 가지가 순조롭게 정해졌다면, 그것만으로도 당신은 대단한 사람이다. 그만큼 '단 한 가지'를 정하는 것이 쉬운 일은 아니기 때문이다. 우리는 늘 할 일이 많으니까. 다수를 포기하고 단 하나를 찾는 것이 쉽지는 않을 것이다.

만약 '한 가지'를 찾는 것이 어렵다면 일의 우선순위를 정하는 것부터 배워야 한다. 우선순위를 얘기할 때 절대 빠지지 않는 법칙이 있다. 바로 계속해서 등장하는 '파레토의 법칙(80:20 법칙)'이다. 파레토라는 이탈리아 경제학자가 처음 주장한 이 법칙은, 놀랍게도 세상의 거의 모든 분야에 적용할 수 있다. '매출의 80%는 상위 20%의 고객에게서 나온다', '업무 성과의 80%는 가장 중요한 20%의 일에서 비롯된다', 그리고 '인간관계 스트레스의 80%도 딱 20%의 사람에게서 발생한다' 등. 더 놀라운 건, 이 법칙이 시간에도 적용된다는 사실이다. 실제로 우리가 하루에 쓰는 시간 중 단 20% 안에 성과의 대부분이 결정된다.

경영 컨설턴트인 리처드 코치Richard Koch는 그의 저서 《80/20 법칙》에서 파레토의 법칙을 개인 생산성에 적용할 수 있는 방법을 자세히 설명하고 있다. 그에 따르면, 우리가 하는 모든 활동 중 단 20%만이 우리 삶에 80%의 가치를 가져다준다고 한다. 따라서 이 중요한 20%를 찾아 집중하는 것이 바로 시간 관리의 핵심이 될 것이다.

이런 논리라면 바로 그 20%의 중요한 할 일을 찾아내는 것이 목표 달성의 당락을 좌우할 것이다. 그리고 여기에 내 시간과 에너지를 집중하는 것이다. 10가지 일을 동시에 벌이면서 "나는 열심히 사는데 왜 결과가 없지?"라고 묻는 건, 방향을 잃고 맨땅에 헤딩하는 것과 같다.

지금 당신이 해야 할 일은 간단하다. 오늘 할 일 리스트를 꺼내고 스스로에게 이렇게 물어보는 것이다. '지금 이 중에서 진짜 중요한 건 뭐지?', '이 중에서 결과를 만드는 단 하나는 뭐지?' 그걸 제외한 나머지는 버려야 한다. 또는 줄이거나 위임하거나, 당분간 접어두거나. 그렇게 했을 때, 당신은 하루에 겨우 서너 시간만 제대로 일했는데도 놀라운 결과가 따라오는 것을 경험하게 될 것이다. 이게 80:20 법칙의 진짜 위력이다. 많은 걸 하려고 애쓰기보다, 소수의 중요한 것을 끝까지 해내는 사람만이 원하는 삶을 만들어낼 수 있다.

일의 우선순위를 정하는 데 특별한 툴은 필요 없다. 노트를 하나 꺼내 보자. 그리고 한 달 목표를 달성하기 위해 오늘 해야 할 일을 모두 적어보자. 그리고 그 많은 일들 중에서 한 달 목표를 달성하는 데 직접적인 효과를 일으키는 것은 무엇인지 생각해 보자. 당신이 오늘 할 수 있는 일이 단 한 가지라면, 어떤 일을 하는 것이 가장 생산적인 하루를 만들어줄까?

당신이 해야 할 수많은 일들 중에서, 오늘 무슨 일이 있어도 반드시 끝내야 하는 일이 무엇인지 찾아라. 그리고 그 일이 너무나 하기 싫고 시간이 오래 걸리는 일일지라도 일단 시작하라. 그게 바로 오늘 당신이 가장 먼저 해야 할 일이다.

당신의 황금 시간대를 이용하라

5년 계획부터 오늘 수행해야 할 일까지 모두 정리했다면, 다음 단계는 '언제 그 일을 수행할 것인가'를 결정하는 것이다. 이 시점에서 가장 중요한 과제는 바로 '당신만의 골든타임'을 찾는 일이다.

하루 24시간은 모든 인간에게 동일하게 주어진다. 하지만 그 시간을 어떻게 활용하느냐에 따라 삶의 결과는 천차만별 달라진다. 어떤 이는 동일한 시간 내에 놀라운 성과를 만들어내고, 어떤 이는 하루 종일 분주하게 움직였음에도 불구하고 유의미한 결과 없이 무력감을 안고 하루를 마무리한다.

이 차이를 만들어내는 핵심은 '활동의 절대량'이 아니라 '활동의 질'이다.

하루 중 에너지가 최고조에 달하는 특정 시간대에 어떤 활동을 하느냐가 그날의 생산성을 결정한다. 이는 단순한 느낌이나 경험칙이 아닌, 과학적으로 입증된 사실이다. 생체리듬chronotype을 연구하는 '크로노바이올로지chronobiology' 분야에서는, 사람마다 집중력과 창의성이 극대화되는 시간이 다르다는 점을 밝혀냈다. 이른바 '러크레티브 타임lucrative time'이라고 불리는 이 시간은, 뇌의 파동, 체온, 호르몬 분비 등이 최적화되어 있어, 인지 능력과 감정 조절력, 문제 해결력이 가장 효율적으로 발현되는 순간이라고 한다.

예를 들어 '아침형 인간'이라고 하면, 보통 오전 9시에서 11시 사이에 집중력이 가장 높고, '저녁형 인간'이라면, 오후 6시 이후에 두뇌가 활성화된다. 실제로 스탠퍼드 대학의 연구에 따르면, 자기 생체리듬과 일치하는 시간대에 업무를 수행한 사람이, 그렇지 않은 사람보다 생산성과 창의성이 최대 2.5배 높게 나타났다. 그런데도 대부분의 사람들이 자신의 생체리듬을 무시한 채 기분 내키는 대로 하루 일과를 소화하고 있다.

대부분의 직장인들이 출근 직후 집중력과 에너지가 가장 높아야 할 시간대에 이메일 확인, 일정 조율, 급하지 않은 전화 응대, 의미 없는 웹서핑 등에 귀중한 두뇌 자원을 소비한다. 그러고 나서야 본격적인 업무에 착수하지만, 이미 인지 기능은 저하되어 있고, 심리적으로는 조급해져 있는 상태다. 결국 "왜 나는 이렇게 바쁘게 사는데도 성과가 없을까?"라는 자책이 반복된다. 그리고 이 악순환은 결국 자기 효능감의 저하로 이어진다.

만약 당신이 아침형 인간이라면, 오전의 집중력을 가장 중요한 과업을 해결하는 데 배정해야 한다. 보고서 작성, 전략 기획, 창의적 글쓰기, 복잡한 문제 해결 같은 고난도 작업을 오전에 수행하는 것이다. 반대로 저녁형 인간이라면, 밤 시간을 단순한 여가 소비로 흘려보낼 것이 아니라, 이 시간에 고도의 몰입이 필요한 작업을 배치하는 것이 필요하다. 이는 단순한 시간 관리 기법을 넘어서, 당신의 삶 전체의 방향성과 직결된 일상의 '중심축'을 세우는 일이다.

나의 골든타임은 오후 6시 이후다. 과거 직장 생활을 할 당시, 나는 아침에 극심한 피로감과 졸음이 밀려와 정상적인 출근조차 버겁게 느껴졌다. 아무리 일찍 잠자리에 들어도 다음 날 아침엔 늘 컨디션이 최악이었다. 커피 없이 업무를 시작하기가 어려웠다. 다행히도 당시 담당 업무가 고도의 창의성을 요구하는 일은 아니었기에 무난히 버텨낼 수 있었다. 그러다 오후가 지나고 해가 기울 무렵이 되면 점점 머리가 맑아지고, 집중력이 차오르며 활기를 띠기 시작했다. 대부분의 사람들이 피로감을 호소하는 퇴근 시간대에, 나는 카페로 이동해 글을 쓰고 콘텐츠를 기획했다. 밤 11시가 되어야 하루가 제대로 끝났다는 느낌이 들었다. 나는 2년간 이 시간을 활용해 사업 구상을 했고 결국 조직을 떠나 독립할 수 있었다. 지금도 나는 이 골든타임을 중요한 업무를 하는 데 활용하고 있다.

당신은 언제 가장 에너지 넘치고 정신이 또렷한가? 언제 생각이 가장 깊어지고, 몰입이 자연스럽게 일어나는가? 자신의 에너지 흐름과 생체 리듬을 제대로 이해하지 못하면, 아무리 많은 시간을 들여도 핵심적인 생산성 향상은 일어나지 않는다. 반대로 자신에게 가장 적합한 시간대에 집중해야 할 일을 배치하면, 같은 시간 안에 더 높은 완성도와 성취감을 얻을 수 있다.

자율성이 제한된 직장인이라도 방법은 있다. 하루 중 30분이라도 자신의 황금 시간대를 확보해야 한다. 회의 전

1시간, 점심 직후 30분, 출퇴근 시간, 업무 종료 후의 자투리 시간이라도 괜찮다. 자영업자는 개점 전 시간, 프리랜서는 밤 10시부터 새벽 1시까지가 될 수도 있다. 중요한 건 외부의 요구가 아닌 '자신의 내면 리듬'에 맞춘 시간을 찾는 것이다.

자기만의 골든타임을 찾기 위한 3가지 질문을 소개한다.

- 언제 집중력과 명료함이 극대화되는가?
- 언제 외부 방해 없이 몰입할 수 있는가?
- 언제 가장 감정이 안정되고, 깊이 있는 판단이 가능한가?

위의 질문에 성실하게 답하면서 자기만의 골든타임을 찾아보라. 그리고 그 시간에 단 하나의 중요한 과업만 배치해 보라. 하루 1시간이라도 그런 시간이 누적된다면, 삶 전체의 밀도가 높아지면서 당신의 삶은 전혀 다른 궤도로 진입하게 될 것이다. 중요한 것은 '완벽한 하루'를 만드는 것이 아니라, '핵심적인 한 시간'을 얼마나 전략적으로 설계할 수 있는가이다.

그리고 이 시간대에는 어떤 외부적 간섭도 허용하지 않는 것이 중요하다. 가족, 동료, 가능하다면 상사에게도 미리 양해를 구하고, 방해받지 않는 환경을 만들어야 한다. 일주일만 지속해도 눈에 띄는 변화가 생긴다. 한 달만 유지해도 당신의 시간 감각은 완전히 달라질 것이다. 그리고 이러한 양질의 시간이 쌓이면, 제한된 시간 내에 고밀도의 성과를 낼 수 있게 된다. 이는 결국 '질 높은 습관'으로 이어지고, 처음에 수립한 5년 계획 역시 도미노처럼 연쇄적으로 실현되는 흐름을 갖추게 될 것이다.

정보 과잉과 디지털 자극이 과도한 현대 사회에서 생체리듬을 기반으로 한, 자기 시간 설계 능력은 어쩌면 가장 중요한 경쟁력일지 모른다. '더 오래' 일하기보다는, '더 효율적'으로 일하는 것이 더 나은 결과를 낳는다. 자신만의 골든타임을 찾아내고, 이를 의식적으로 지켜내며 활용하는 사람만이, 같은 하루 속에서도 전혀 다른 삶의 궤적을 만들어낼 수 있다.

일을 시작했다면, 끝내라

대부분의 사람들이 시작은 잘한다. 동기 부여 영상이나 자극적인 글귀 하나에도 마음이 동하고, 그 순간엔 뭐든 해낼 수 있을 것 같은 기분을 느낀다. 그래서 새로운 계획을 세우고, 노트를 꺼내 다짐을 적고, 앱에 목표를 등록하고, 스터디를 알아보고, 하루 일정을 분 단위로 쪼개며 스케줄을 짜기도 한다. 시작은 거창하다. 그리고 며칠은 진짜로 달라진 삶을 사는 것 같기도 하다. 활기차고 의욕적인 상태가 이어지고, 나 자신이 아주 특별해진 것처럼 느껴진다.

하지만 그 며칠이 지나면 무기력감이 스멀스멀 찾아오

기 시작한다. 모든 것이 귀찮아진다. 집중도 안 되고, 동기 부여 영상도 더 이상 자극이 되지 않는다. 그러면서 마음속에서는 작은 속삭임이 들려온다. "이렇게까지 해야 하나?", "이게 과연 내 삶에 진짜 필요한 걸까?", "어차피 나중엔 또 흐지부지될 텐데…" 그리고 이렇게 중얼거리게 된다. "오늘은 그냥 쉬자, 내일 하면 되지" 그렇게 스스로를 설득하다 보면, 그 한 번의 예외가 곧 습관이 되고, 시작했던 프로젝트는 결국 슬그머니 끝나버린다. 예를 들어 블로그를 시작하며 '매일 한 편씩 글을 쓰겠다'고 다짐했던 사람이 사흘째 되는 날 친구와의 약속을 이유로 글쓰기를 하루 건너뛰고, 그 이후로는 블로그에 접속조차 하지 않게 되는 것처럼 말이다. 그리고 얼마 지나지 않아 우리는 또다시 새로운 목표를 세우고, 새 다짐을 하고, 새 노트를 산다. 문제는 이 패턴이 계속 반복된다는 데 있다. 계획하고, 미루고, 포기하고, 또 계획하는 이 악순환은 반복될수록 점점 더 우리를 무기력하게 만들고, 무엇보다 자기 자신에 대한 신뢰를 갉아먹는다.

    이런 경험이 누적되면, 어느 순간부터는 아예 시작조차 하지 못하게 된다. 무의식은 알고 있기 때문이다. '어차피 또 포기할 것을.' 이건 다이어트를 수십 번 시도하다가 실패한 사람이 새로운 다이어트 계획을 세울 때 느끼는 막연한 체념, 그리고 자신에 대한 깊은 불신과도 닮았다. 그 체념은 눈에 보이지 않지만 아주 뿌리 깊다. 무언가를 시도하려는 의지를 꺾고, 시도조차 하지 못하게 만든다.

이 악순환을 끊는 방법은 단 하나다. '일을 시작했다면, 끝내라.' 일을 완수하는 사람은 특별한 재능이나 강철 같은 의지를 가진 사람이 아니다. 단지 '시작한 일은 어떻게든 끝낸다'는 기준을 스스로에게 적용하고, 그것을 지키는 사람일 뿐이다. 완벽할 필요는 없다. 결과가 기대에 못 미쳐도 괜찮다. 중요한 건 어떤 방식으로든 '끝까지 해내는 사람'이 되는 것이다. 실패도 결국 완수의 일부다. 끝맺음 없는 시도는 아무것도 남기지 않지만, 완수된 실패는 다음 성공을 위한 발판이 된다.

이것은 단순한 성격이나 근성의 문제가 아니다. 뇌의 작동 방식과 연결된 생물학적인 기전이다. 시작한 일을 끝냈을 때, 뇌는 강력한 보상 물질인 도파민을 분비한다. 이 도파민은 성취감, 안정감, 자신감의 정서를 유발하고, 그 감정이 축적되면 자존감과 실행력이 강화된다. 우리가 '해냈다'고 느낄 때 받는 쾌감은 단순한 기분이 아니라 생리학적 보상이다.

일론 머스크는 스페이스X를 창립한 초기에 수차례에 걸친 로켓 발사에 모두 실패했다. 2006년부터 2008년까지 세 차례 발사에 모두 실패하자, 투자자와 언론은 그를 조롱하기 시작했다. 네 번째마저 실패하면 스페이스X는 물론이고 테슬라마저 위태로워지는 상황이었다. 하지만 그는 포기하지 않았다. "나는 절대로 포기하지 않는다. 죽을 때까지 버틸 것이다"라는 그의 말처럼, 그는 모든 자산을 쏟아부으며 끝까지 밀어붙였고, 결국 네 번째 발사에 성공하며 새로운 우주시대를 열었다. 중요한 것은 그의 천재성보다도 포기하지 않는 태도다. 위대한 성과는 재능이 아니라 태도에서 비롯된다. 끝까지 가보는 사람에게만 새로운 세계가 열린다.

반대로 끝내지 못한 일은 머릿속에서 계속 미완의 상태로 남는다. 뇌는 그 일에 대한 집중을 멈추지 못하고, 이는 스트레스와 불안을 높인다. 심리학자 블루마 자이가르닉Bluma Zeigarnik은 이러한 현상에 대해 연구했고, 미완의 과제가 뇌에 더 강한 인상을 남긴다는 '자이가르닉 효과Zeigarnik Effect'를 제시했다. 끝내지 않은 일은 머릿속에 계속 남아 집중을 흐리고, 정신적 긴장감을 키운다. 그리고 결국 자기혐오로 이어진다. "나는 또 실패했어"라는 감정은 자신을 갉아먹고, 자존감을 무너뜨린다.

대부분의 목표가 실현되지 않는 이유는 단순하다. 끝까지 하지 않기 때문이다. 여기서 한 가지 더 강조해야 할 사실이 있다. 큰 프로젝트를 완수하는 것도 중요하지만, 매일의 작은 과업 하나를 끝까지 해내는 일 또한 똑같은 중요도를 갖는다는 것이다. 우리는 날마다 수많은 방해 요소에 둘러싸여 산다. 메시지 알림, 이메일, 갑작스러운 업무 요청, 주변의 소음… 집중이 깨지는 것이 너무도 당연한 현실이다. 원격근무가 일반화된 시대에서는 업무와 일상의 경계마저 흐려졌다. 그래서 더욱 하루에 하나의 과업이라도 정하고 그것만큼은 반드시 완수해야 한다. 그게 소설의 첫 문장이든, 한 장짜리 보고서든, 하나의 제안서든 상관없다. 반드시 마무리하는 것이다.

일이란 언제나 '중단'하고 싶은 유혹과 함께 온다. 보통 일을 시작한 지 30분 정도 지나면 집중력이 흐려지고 딴생각이 들기 시작한다. 갑자기 피곤함이 몰려온다. 헤밍웨이조차 말했다. "글을 쓸 때 가장 어려운 건, 의자에 앉아 있는 것이다"라고. 집중력이란 타고나는 재능이 아니라 끝까지 해내는 훈련의 산물이다. 사람들은 보통 이렇게 말한다. "잠깐만 쉬었다가 다시 해야지" 그러고는 SNS를 확인하거나, 커피를 마시러 가거나, 동료에게 말을 건다. 대부분의 경우, 다시 돌아오지 못한다. 돌아오더라도 아까 가졌던 집중력과 몰입감은 이미 사라진 후다. 다시 아까처럼 집중하려면 몇 배의 에너지가 더 필요하다.

중요한 일일수록 한 번 시작했다면 반드시 끝내라. 이건 단지 하나의 작업을 마무리하는 정도의 문제가 아니다. '완수했다'는 경험은 자기 신뢰를 만든다. 자기 신뢰는 실행력을 낳고, 실행력은 목표 달성으로 이어진다. 하루의 목표 달성을 지키지 못하면, 일주일과 한 달, 그리고 일 년의 계획도 흔들린다. 반면, 매일 중요한 과업 하나만이라도 완수해 나간다면, 인생의 방향성까지 자연스럽게 잡을 수 있다. 우리가 어떤 일을 끝까지 해냈을 때의 경험, 그 '완수의 기억'이 우리의 정체성과 자신감을 만들어낸다.

끝내야 끝난 것이다. 그것이 내 삶의 궤도를 지키는 가장 강력한 습관이다. 인생은 수많은 시도와 포기의 반복이지만, 끝까지 가보는 단 한 번의 경험이 그 모든 과정을 새롭게 만들 것이다.

PART 6

ONE MINDSET
끝까지 밀어붙이는 멘탈 만들기

감정의 파도를 넘는 법

인간은 감정에 의해 사고하고, 그 사고는 행동을 낳으며, 행동은 결국 삶의 결과로 이어진다. 이처럼 감정은 인생의 흐름을 결정짓는 근원적인 힘이다. 따라서 우리가 원하는 삶을 주도적으로 설계해 나가기 위해서는 감정을 조절하고 다루는 능력이 무엇보다 중요하다. 이는 단순한 동기 부여의 차원을 넘어, 우리의 삶 전체를 설계하고 방향을 결정짓는 데 있어 중요한 능력이다.

앞선 장에서는 삶의 방향성과 실행 전략에 대해 충분히 다루었다. 그러나 아무리 분명한 계획과 목표가 있다 해도 실행하지 않으면 아무 의미 없다. 결국 실행을 가로막는 '감정의 파도'를 넘지 못한다면 삶은 달라지지 않을 거라는 얘기다. 실행력의 결핍 뒤에는 감정적 에너지의 고갈, 자기 회의, 비교와 열등감 등 다양한 심리적 요인이 얽혀 있다.

　이번 장에서는 도전을 시작한 대부분의 사람들이 겪게 되는 감정의 순환고리를 분석하고, 각 감정 상태를 어떻게 극복하고 앞으로 나아갈 수 있는지에 대해 구체적으로 살펴보려고 한다. 감정의 순환 과정을 이해하는 일은, 단순히 감정을 통제하는 기술을 넘어, 내면의 흐름을 이해하고 삶을 주도적으로 설계하기 위한 중요한 출발점이 될 것이다. 감정을 제대로 다룰 수 있어야 비로소 우리는 방향을 잃지 않고 끝까지 나아갈 수 있다.

열정

누구에게나 불타오르는 순간이 있다, 다만 짧을 뿐

도전이나 변화를 시작할 때 가장 먼저 찾아오는 감정은 무엇일까? 바로 '열정'이다. 처음에는 누구나 뜨겁게 시작한다. 가슴이 뛰고, 눈빛이 살아나고, 머릿속에는 이미 달라진 자신의 모습이 선명하게 떠오른다. 나 역시 돈 버는 법에 대한 강의를 결제했을 때, 수업을 듣기 전부터 이미 부자가 된 나를 상상하며 들떴던 기억이 있다. 열정은 무언가를 시작하게 만드는 강력한 기폭제다.

심리학자 바바라 프레드릭슨Barbara Fredrickson의 '확장 및 구축 이론Broaden-and-Build Theory'에 따르면, 긍정적인 감정은 우리의 인지 영역을 넓히고 새로운 행동을 시도하게 만든다. 열정은 그런 긍정 감정의 대표적인 예로, 삶의 방향을 전환하는 출발점이 된다.

문제는 많은 사람들이 성공의 원동력으로 믿는 '열정'이, 실제로는 오래가지 않는다는 점이다. 열정은 무언가를 시작하게 만드는 강한 동기처럼 보일 수 있지만, 그것만으로는 지속적인 행동을 유지하기 어렵다. 열정은 연료가 아니라 점화 장치에 가깝다. 처음에는 강렬하게 불꽃을 일으키지만, 스스로 계속 타오를 힘은 없다.

이 현상은 뇌과학적으로도 설명된다. 뇌에서 분비되는 도파민은 새로운 자극이나 기대감에 민감하게 반응하며 우리에게 동기를 부여한다. 하지만 같은 자극이 반복되거나 결과가 예측 가능해지면 도파민의 분비는 점차 줄어든다. 다시 말해, 처음에는 무한한 가능성과 흥분으로 가득 찼던 일이 며칠만 지나도 그 매력을 잃고 만다. 이때부터는 "생각보다 쉽지 않네", "이걸 과연 끝까지 해낼 수 있을까?" 같은 회의와 의심이 밀려오기 시작한다. 결국 열정은 시작을 돕는 불씨일 뿐, 그것만으로는 긴 여정을 버틸 수 없다. 그래서 열정을 유지하려면, 그 불씨가 완전히 꺼지기 전에 꾸준히 에너지를 공급할 수 있는 구조가 필요하다.

도전은 대부분 학습으로 시작된다. 초반에는 새로운 것을 익히는 재미와 도파민의 보상이 뒤따르지만, 일정 시간이 지나면 현실의 벽이 눈에 들어오기 시작한다. 작은 실패, 더딘 성과, 주변의 무관심은 처음의 들뜬 마음을 무디게 만든다. 이 시점을 넘기지 못하면 대부분 도전은 흐지부지되고 만다.

따라서 열정을 단순한 감정이 아니라, 유지 가능한 시스템으로 바라볼 필요가 있다. 이를 위해서는 작고 구체적인 목표를 반복적으로 설정하고 성취할 수 있는 전략이 중요하다. 뇌가 '성공했다'고 인식할 수 있도록 기대와 보상의 루프를 설계해야 한다. 실제 연구에서도 장기적인 목표보다 지금 당장 완수할 수 있는 과업이 더 강력한 동기 부여를 제공한다고 밝혀졌다. 이렇게 누적된 작은 성공들이 자기 효능감을 키우고, 결국 변화의 동력을 유지하는 데 핵심적인 역할을 한다.

조급함 & 비교

나만 뒤처지는 것 같은 불안감

열정이 식어가는 걸 느끼기 시작할 때쯤, 우리를 덮치는 감정은 조급함이다. 처음에는 느리더라도 앞으로 가고 있다는 사실만으로도 뿌듯할 것이다. 하루하루 조금씩 해나가고 있다는 것 자체가 성취처럼 느껴지기도 한다. 하지만 시간이 지나면서 주변이 보이기 시작한다. SNS를 조금만 스크롤링해도 남들이 이룬 눈부신 결과가 눈에 들어온다. 누군가는 스타트업을 창업하고, 누군가는 6개월 만에 멋진 몸을 만들고, 또 누군가는 유튜브를 시작한지 3개월 만에 10만 구독자를 달성했다고 한다. 처음에는 '잘됐네!' 하고 넘기지만, 어느 순간 스스로에게 질문을 던지게 된다. '나는 왜 아직 이 모양이지? 왜 나만 이렇게 속도가 느리지? 나는 뭘 잘못하고 있는 걸까?' 다른 사람과 비교하게 되는 순간부터 마음속에 조급함이 뿌리를 내리기 시작한다.

조급함은 단순히 마음만 불편하게 만들지 않는다. 계획을 통째로 흔들기도 한다. "정말 이 방법이 맞는 걸까? 저 사람이 하고 있는 저 방법이 더 효과적이고 빠른 거 아니야?"라는 생각이 들면서 내가 가려고 했던 길을 의심하게 만든다. 이런 생각이 들면, 이전에 이미 오랜 시간 계획하고 노력하며 세워둔 내 삶의 목표, 사업의 방향성이 점점 흔들리기 시작한다. 원래는 꾸준히 하면 반드시 이룰 수 있다고 믿었던 목표가 갑자기 불투명해 보인다. 지금 하고 있는 일이 의미 없어 보인다. 나의 속도와 남의 속도를 비교하고, 내 성과와 남의 성과를 비교하기 시작한다. 점점 불안해지기 시작한다. 그리고 이 불안감은 다시 조급함을 부른다. 악순환이 시작되는 것이다. 그런데 여기서 끝이 아니다. 가장 위험한 것은 바로 방향을 바꾸고 싶은 충동이다. '이 길이 아닌 것 같아… 더 빠른 길이 있는 것 같아…' 이런 불안감이 우리가 지금까지 쌓아온 것들을 포기하고 새로운 걸 찾게 만든다. 그런데 문제는 방향을 바꾸는 순간 바닥부터 다시 시작해야 한다는 것이다. 천천히 뿌리를 내리고 있는 나무를, 당장 열매가 자라나지 않는다고 해서 갑자기 뿌리를 통째로 뽑아서 다른 땅에 옮겨 심는 꼴이다. 실제로 나를 포함한 많은 사람들이 이 같은 실수를 반복한다. 다른 사람과 나를 비교하면서 자신의 길을 의심하고, 자신의 속도를 부정하고 결국 감정에 휩쓸려 목표나 삶의 방향을 바꿔버리는 것이다.

심리학자 캐럴 드웩Carol S.Dweck은 '고정 마인드셋Fixed Mindset'을 가진 사람일수록 비교에 취약하며, 작은 실패에도 자존감이 무너진다고 말한다. 반면 '성장 마인드셋Growth Mindset'을 가진 사람은 타인과의 비교보다 자신의 발전에 집중하며, 느린 속도도 과정의 일부로 받아들이는 유연성을 지닌다. 중요한 건, 조급함을 줄이기 위해서는 이 성장 마인드셋을 의식적으로 선택해야 한다는 점이다. '타인이 아닌 어제의 나와 경쟁하라'는 말은 단순한 위로가 아니다. 감정의 흔들림 속에서도 중심을 잡고 나아가기 위한 심리적 전략이며, 결국은 성장을 지속할 수 있는 사람의 관점이다. 나의 속도로, 나의 목표를 향해 가라. 남이 아닌 나와 경쟁하면서.

합리화

포기의 언어는 언제나 논리적이다

조급함과 비교가 마음을 장악하고 나면, 조용히 찾아오는 감정이 있다. 바로 '합리화'다. 이 감정은 겉으로 잘 드러나지 않는다. 아주 슬쩍, 나도 모르는 사이에 마음속에 스며든다. 다음과 같은 생각들이 하나둘 떠오르기 시작한다.

"지금은 때가 아닌 것 같아"
"다른 방법을 찾는 게 더 나을 수도 있어"
"내가 진짜 하고 싶은 건 이게 아닌 것 같아"

이 생각들은 얼핏 들으면 이성적이고 신중한 판단처럼 보인다. 하지만 대부분의 경우, 이는 감정적 불편함을 피하기 위한 무의식적인 방어 반응에 가깝다. 심리학자 레온 페스팅거Leon Festinger는 '인지부조화 이론Cognitive Dissonance Theory'에서, 사람은 현실과 기대 사이의 불일치에서 오는 심리적 불편함을 줄이기 위해 스스로를 설득하는 이야기를 만들어낸다고 설명한다. 즉, 합리화는 힘들고 불편한 현실을 외면하기 위해 뇌가 꾸며내는 이야기라는 것이다. 말은 그럴듯하지만, 결국 합리화는 포기의 또 다른 이름일 뿐이다.

인간은 본능적으로 고통을 피하려 한다. 실패에 대한 두려움, 더딘 속도에서 오는 초조함, 비교에서 비롯된 열등감은 모두 감정적으로 불편하다. 그래서 뇌는 이런 불편을 줄이기 위해 논리를 만들어낸다. 그리고 이렇게 속삭인다. "이 길이 아니었을 뿐이야", "지금 포기하는 게 현명한 거야", "나중에 더 좋은 기회가 오겠지" 이 말들은 달콤하고 위로가 되며, 당장의 불편함을 덜어준다. 하지만 이 과정이 반복되면 '포기'는 점점 쉬운 선택이 된다. 한 번 물러서면 다음은 더 빠르다. 조금만 힘들어도, 조금만 속도가 느려도, 그럴듯한 이유를 하나 만들어 스스로를 설득한다. 그렇게 계획했던 목표는 하나

둘 사라지고, 결국 남는 것은 '했던 말'과 '시작했던 기억'뿐이다. 겉으로는 나를 보호하는 듯 보이지만, 합리화는 나의 성장 가능성을 조금씩 갉아먹는다. 반복될수록 자신에 대한 신뢰가 무너지고, 마침내 '나는 원래 이런 걸 못하는 사람이야'라는 잘못된 정체성까지 만들어낸다.

　이 모든 과정은 너무 조용하고 그럴듯하게 진행되기 때문에 대부분은 자신이 포기하고 있다는 사실조차 자각하지 못한다. 그저 상황이 나를 멈추게 한 것 같고, 어쩔 수 없는 선택이었다고 느낄 뿐이다. 하지만 진실은 다르다. 상황이 아니라, 내 안의 합리화가 나를 주저앉힌 것이다.

　그렇다면 이 조용한 무너짐을 어떻게 멈출 수 있을까? 심리학에서는 이를 '메타인지'를 통해 극복할 수 있다고 본다. 메타인지는 '생각에 대한 생각'으로, 지금 떠오르고 있는 내 생각이 과연 객관적으로 타당한지를 한 걸음 떨어져 관찰하는 능력이다. "이건 내가 만든 핑계일까, 진짜 판단일까?"라는 질문 하나로도 우리는 내면의 자동 반응과 진짜 내 생각을 분리해 볼 수 있다. 뇌는 자기 자신을 관찰하는 순간, 자동 반응에서 벗어날 여지를 만든다.

　기업가 일론 머스크 역시 중요한 결정을 내릴 때마다

'퍼스트 프린서플 First Principles'에 기반한 사고법을 사용한다고 알려져 있다. 그는 "이 아이디어를 내가 거부하고 싶은 이유가 감정 때문인지, 실제로 비효율적이기 때문인지 구분하는 것부터 시작한다"고 말한다. 다시 말해, 어떤 생각이 들었을 때 그것이 단지 두려움에서 비롯된 자기 설득인지, 아니면 현실적으로 검토된 전략인지 분리해서 판단한다는 것이다. 성공하는 사람들은 이처럼 감정과 논리를 의식적으로 구분하려는 습관을 갖고 있다.

또한 심리학자 앤절라 더크워스 Angela Duckworth 는 《그릿》에서 "초반의 열정은 누구나 가질 수 있지만, 진짜 실력과 성취는 어려운 시기를 '의미 있는 이유'와 연결지을 수 있을 때 나온다"고 말한다. 목표를 잊지 않으려면, 그것이 지금의 불편함보다 더 중요한 일임을 자주 상기해야 한다. 그녀는 이런 내적 동기를 반복해서 다짐하는 것이 '중도 포기'를 방지하는 핵심이라 강조한다.

결국, 자기 합리화를 이기는 힘은 복잡한 전략이 아니라 자신이 왜 이 길을 택했는지, 그 선택에 어떤 의미를 부여했는지를 잊지 않는 데 있다. 스스로에게 물어보자. "이 불편함이 정말 내가 이 일을 그만둘 이유가 될 수 있을까?" 그리고 이 질문을 매일 아침, 혹은 흔들릴 때마다 반복하는 습관을 들이자. 이 단순한 자각이 습관화될 때, 합리화는 더 이상 자신을 무너뜨리는 도구가 되지 않는다.

    이러한 훈련을 하지 않으면, 다음 감정이 조용히 당신을 찾아올 것이다. 더 편한 길을 찾고 싶어지는 '회피'라는 또 다른 본능이 문을 두드릴 것이다. 그리고 그 유혹은, 더더욱 그럴듯하고 달콤하게 당신에게 포기를 종용할 것이다.

회피 본능

도망친 곳에 낙원은 없다

합리화가 마음을 잠식하면, 그다음에는 회피 본능이 움직이기 시작한다. 처음에는 그저 잠깐 쉬고 싶다는 생각으로 시작된다. '오늘은 컨디션이 안 좋으니까, 조금 머리를 식히고 나면 더 잘할 수 있을 거야.' 그렇게 잠깐 쉬기로 결심한다. 그런데 그 잠깐이 점점 길어진다. 그리고 어느 순간, 우리는 슬금슬금 다른 길을 찾기 시작한다. 이게 바로 '대체재 찾기'다. 원래 가야 할 길은 여전히 앞에 있는데, 갑자기 새로운 목표가 매력적으로 보이기 시작한다. '이거 말고 저걸 해볼까?', '아예 방향을 바꾸는 게 더 현명한 거 아닐까?', '지금 시작하면 늦지 않을 거야' 이런 생각이 스멀스멀 올라온다.

    대체재는 겉으로 보면 더 나아 보인다. 새로운 그 길이 더 재미있을 것 같고, 더 빠를 것 같고, 더 쉬울 것 같다. 무엇보다 지금 겪고 있는 불편함을 피할 수 있을 것 같다. 그래서 사람들은 처음 세운 목표를 그대로 놔두고, 살짝 옆길로 빠진다. 운동을 하려다가 갑자기 악기를 배우기 시작하고, 영어 공부를 하려다가 갑자기 일본어에 관심을 갖고, 사업을 시작하려다가 갑자기 구인 공고를 검색하기 시작한다. 모든 행동이 당장은 아주 논리적이고 타당해 보인다. 하지만 본질은 같다. 불편함을 회피하고 싶은 마음, 현실과 마주하고 싶지 않은 심리다.

    대체재 찾기의 무서운 점은, 자기 자신조차 그걸 '도망'이 아니라 '합리적인 선택'이라고 믿는다는 데 있다. 그래서 더 빠르게 경로를 틀게 되고, 결국 처음의 목표와 계획은 점점 먼 과거가 되어버린다. 눈앞의 고통을 피하려고 찾은 대체 목표는 결국 또 다른 고통으로 돌아온다. 왜냐하면, 어디를 가든 힘든 벽은 다시 나타나기 때문이다. 불편함, 실패의 가능성, 느린 성장, 비교, 조급함, 이런 것들은 방향을 바꾼다고 사라지지 않는다. 결국 같은 문제를 다른 모양으로 반복하게 될 뿐이다.

과연 지금 내가 눈여겨보는 그 크리에이터는, 그 인플루언서는 아무런 어려움 없이 그 자리에 도달했을까? 그들도 똑같은 어려움을 겪어냈기에 지금 그 분야의 최전선에 서 있을 수 있는 것이다. 어느 분야를 선택하든 본질은 달라지지 않는다.

회피 본능은 늘 대체재 찾기와 함께 움직인다. 하나를 피하면, 그 빈자리를 다른 무언가로 채우려는 욕구가 뒤따른다. 그리고 이 둘은 언제나 우리로 하여금 우리가 진짜 원하는 삶에서 서서히 멀어지게 만든다. 중요한 건, 이 감정의 흐름을 알아차리는 것이다. 마음 한편에서는 이미 알고 있다. 지금 내가 정말 원하는 일을 외면하고 있다는 걸. 그렇게 회피와 대체의 반복은 방황을 낳는다. 그러다 어느 날, 아주 작고 미세한 신호 하나가 스쳐간다. 그것은 희미하지만 분명한 가능성이며, 작지만 또렷한 희망이다. 그렇게 우리는 다음 감정과 다시 마주하게 된다. 바로, '재자극'의 시작이다.

재자극

가능성과 희망이 보이면, 동기 부여는 자동화된다

회피하고, 대체재를 찾고, 방황을 반복하다 보면, 어느 순간 뜻밖의 장면과 마주하게 된다. 아무 기대 없이 지나치던 어느 날, 예상치 못한 가능성이 스쳐간다. 아주 사소한 변화일 뿐이다. 예를 들어, 오랫동안 미뤘던 운동을 다시 시작한 뒤 거울 속에서 살짝 달라진 실루엣을 보았을 때, 무심코 쓴 글 한 편이 누군가의 공감을 불러일으켰을 때, 작게 시작한 프로젝트를 끝냈더니 예상하지 못한 좋은 피드백을 받았을 때, 그 조그마한 가능성은 생각보다 강한 힘을 지닌다.

처음엔 무심코 지나칠 수 있다. 그냥 우연일지도 모른

다. 별 의미 없어 보일 수도 있다. 하지만 그 작은 변화가 마음 속 어딘가를 조용히 건드린다. '아직 끝난 게 아닐지도 몰라' '나도 할 수 있지 않을까?' 그 순간, 다시 가슴 한편이 뜨거워진다. 이것이 바로 '재자극'이다. 억지로 끌어올린 동기 부여가 아니다. 누군가의 격려나 강요 때문도 아니다. 스스로 발견한 가능성, 스스로 체감한 변화, 바로 그 작고도 분명한 사실 하나가 다시 마음을 움직이기 시작한다.

재자극은 의지를 짜내거나 영상 몇 편 본다고 생기지 않는다. 유튜브에서 자극적인 동기 부여 영상을 아무리 반복해 봐도 얻을 수 없다. 재자극은 오직, 아주 작은 행동이라도 멈추지 않았던 사람에게 찾아오는 것이다. 비록 중간에 무너졌거나 방황했거나 회피했더라도, 다시 한번 일어설 수 있는 힘을 주는 것은 바로 이 작은 재자극이다. 그리고 그 순간 우리는 깨닫게 된다. '아직 끝나지 않았다.' 포기하고 싶었던 마음은 조금씩 물러나고, 다시 한번 나아가고 싶은 마음이 희미하게나마 고개를 든다.

재자극은 작은 불씨다. 당장은 미약하고 흔들리기 쉽지만, 이 불씨를 꺼뜨리지 않고 지켜내기 시작하면, 다시 온몸을 데울 수 있는 유의미한 열기를 만든다. 처음 시작할 때의 들뜬 열정과는 결이 다르다. 이제는 작지만 단단하고, 가볍지 않고 진지하다. 스스로 만들어낸 희망이기에 더욱 그렇다. 그리고 이 불씨는 결국 꾸준한 동기 부여로 이어진다. 성취와 동기 부여가 맞물리면서 마침내 진짜 흐름이 생겨나기 시작한다. 그렇게 마지막 감정이 찾아온다. 기쁨과 동기 부여의 순환이다.

기쁨과 동기 부여

성취는 동기 부여를 낳고, 동기 부여는 성취를 낳는다

재자극의 작은 불씨를 살려내기 시작하면, 그때부터 놀라운 변화가 시작된다. 억지로 의욕을 끌어올리는 동기 부여가 아니다. 누가 시켜서 하는 것도 아니다. 스스로 만들어낸 작은 성공이 다시 나를 앞으로 밀어준다. 그렇게 동기 부여는 억지 없이, 마치 숨을 쉬듯 자연스럽게 이어진다. 이것이야말로 진짜 동기 부여다.

처음에는 하루에 20분 운동을 했다거나, 한 페이지 글을 썼다거나 하는 아주 사소한 성취에서 시작된다. 하지만 그 작은 성취 하나가 마음을 움직인다. '내가 해냈다.' 단지 이 감정하나만으로도 충분하다. 그리고 이 감정은 멈춰 있지 않는다. 성취는 또 다른 성취를 불러온다. 오늘 했던 것을 내일도 이어가고 싶어지고, 어제보다 조금 더 잘하고 싶어진다. 그렇게 작은 성공이 차곡차곡 쌓이기 시작한다.

조금씩, 그러나 분명하게 변화가 감지된다. 몸이 가벼워지고 머리는 맑아지며 집중력이 높아지고, 삶 전체가 자연스럽게 흐름을 타기 시작한다. 이 시점부터 동기 부여는 더 이상 외부 자극에 기대지 않는다. 자극적인 영상도, 강한 메시지도 필요 없다. 오직 '하고 싶어서 하는 상태'가 자신 안에서 만들어진다. 하루하루 쌓이는 성취가 스스로를 증명해주기 때문이다. '나는 할 수 있다'는 믿음이 억지로 생기는 게 아니라, 하루하루 행동하면서 자연스럽게 체득된다. 이 감정은 너무나 달콤하다. 처음 가졌던 들뜬 열정과는 전혀 다르다.

꾸준한 동기 부여는 성취를 만든다. 성취는 또 다른 동기 부여를 만든다. 이 순환이 시작되면 인생은 완전히 달라진다. 하루를 계획하는 방식이 달라지고, 시간을 쓰는 방식이 달라지고, 문제를 대하는 태도가 달라진다. 더 이상 '해야 하니까' 억지로 하는 게 아니다. '하고 싶어서' 하게 된다. '어떻게든 살아남아야지'가 아니라, '어떻게 더 잘할 수 있을까'를 고민하게 된다. 그렇게 성장의 가속도가 붙는다.

결국 성공이란 거창한 결단이나 놀라운 능력에서 오는 것이 아니다. 감정의 흐름을 이해하고, 그 파도를 하나씩 넘는 힘에서 비롯된다. 열정이 식고, 조급함이 밀려오고, 합리화로 자신을 속이고, 회피하고 싶은 유혹에 흔들리며 방황하다가도, 다시 작은 재자극을 만나 마침내 감정과 동기 부여가 맞물려 흐름을 만드는 것. 이 감정의 순환고리를 반복해서 이겨 낸 사람이, 결국은 '해내는 사람'이 된다.

감정은 우리의 적이 아니다. 단지 흐름일 뿐이다. 파도처럼 왔다가 사라지는 이 감정을 두려워하지 않고, 그 위에 균형을 잡고 서는 것. 이것이 감정을 다스리는 첫걸음이며, 진짜 실행력을 갖춘 삶의 시작이다.

에필로그

1년 후,
당신의 인생 항로는 완전히 달라져 있을 것이다

이 책을 끝까지 읽은 당신은 사실 이미 다 준비된 사람이다. 1년이라는 시간 동안 성공적인 삶을 위해 어떻게 방향을 잡아야 하는지, 어떻게 구체적인 액션 플랜을 세워야 하는지, 그리고 그 과정에서 반드시 마주치게 될 감정의 순환까지 모두 익혔기 때문이다.

나는 단순한 자기계발서를 쓰고 싶지 않았다. 실제 삶을 변화시킬 수 있는, 또 인생이라는 하나의 사업을 잘 운영해 나갈 수 있는 실용서를 만들고 싶었다. 그래서 내가 7년간 8개의 직업을 전전하며 방황하고, 1년 만에 회사로부터 독립하여 나만의 길을 만들어 나갈 수 있었던 모든 노하우를 이 책에 담았다.

이제 당신이 해야 할 일은 단 하나다. 시작하고 포기하지 않는 것. 물론 쉽지 않은 일이라는 것을 잘 알고 있다. 요즘은 그 어느 때보다 포기하기 쉬운 시대이기 때문이다. SNS만 열어도 다른 사람들의 화려한 삶이 눈에 들어온다. 누군가는 단번에 엄청난 성공을 이룬 것처럼 보이고, 누군가는 아무런 노력 없이 원하는 것을 쉽게 얻은 것처럼 보인다. 그걸 보는 순간, 나도 모르게 나와 그 사람을 비교하게 된다. 그리고 좌절하게 된다. 마음 한구석이 서늘해지며 '나는 왜 이렇게 부족할까' '나는 왜 이렇게 느릴까' 하는 생각이 끊임없이 떠오른다. 이런 시대에 자신만의 방향성을 지키며 앞으로 나아간다는 것은, 다시 말해 정보의 홍수에 휩쓸리지 않고 살아남는 일이라고 해도 과언이 아니다. 그래서 나는 당신이 이 책을 덮은 이후 삶의 명확한 방향성을 찾을 수 있기를 바란다. 방향성에 기반하여 정말 원하는 목표를 가질 수 있기를 바라고, 구체적인 액션 플랜을 1년간 지속하여 원하는 결과를 얻어낼 수 있기를 진심으로 응원한다.

또한 그 과정에서 6장에서 언급한 감정의 순환고리도 모두 경험해 보았으면 좋겠다. 열정이 식고, 조급함이 몰려오고, 합리화가 마음을 채우고, 회피하고 싶은 유혹에 흔들리고, 대체재를 찾고 싶은 순간이 오더라도, 다시 아주 작은 재자극을 찾아내고, 그로 인해 다시금 한 걸음을 내딛는 과정을 모두 겪어보았으면 좋겠다. 당신이 고생하길 바라는 것이 아니라 그만큼 단단해지기를 바라는 것이다.

　이 책은 단지 1년만을 위한 책이 아니다. 100년을 살아가는 시대에, 이 한 사이클만 제대로 겪어내면 이후에 찾아오는 모든 사이클은 여유 있게 대처해 나갈 수 있을 것이다. 이 책이 당신의 삶을 성공적으로 운영해 나가는 데 많은 도움이 되길 바란다. 우리 모두 정상에서 만날 수 있기를 희망한다.

동기부여학과 최영오

ONE YEAR 원 이어

1판 1쇄 발행 2025년 7월 30일

지은이 최영오
발행인 오영진 김진갑
발행처 토네이도미디어그룹(주)

책임편집 유인경
기획편집 박수진 박민희 박은화 김예은
디자인팀 김현주 강재준
마케팅 박시현 박준서 김수연 박가영
경영지원 이혜선

출판등록 2006년 1월 11일 제313-2006-15호
주소 서울시 마포구 월드컵북로5가길 12 서교빌딩 2층
원고 투고 및 독자 문의 midnightbookstore@naver.com
전화 02-332-3310 팩스 02-332-7741
블로그 blog.naver.com/midnightbookstore
페이스북 www.facebook.com/tornadobook
인스타그램 @tornadobooks

ISBN 979-11-5851-323-8 (03190)

토네이도는 토네이도미디어그룹(주)의 자기계발/경제경영 브랜드입니다.
이 책은 저작권법에 따라 보호를 받는 저작물이므로 무단전재와 무단복제를 금하며, 이 책 내용의 전부 또는 일부를 사용하려면 반드시 저작권자와 토네이도의 서면 동의를 받아야 합니다.

잘못되거나 파손된 책은 구입하신 서점에서 교환해드립니다.
책값은 뒤표지에 있습니다.